饮冰文客

梁启超

韩宗文 著

远方出版社

图书在版编目（CIP）数据

饮冰文客梁启超 / 韩宗文著． -- 呼和浩特：远方
出版社，2019.1
ISBN 978-7-5555-1259-2

Ⅰ．①饮… Ⅱ．①韩… Ⅲ．①梁启超（1873-1929）
－传记 Ⅳ．①K825.1

中国版本图书馆 CIP 数据核字（2019）第 024130 号

饮冰文客梁启超
YINBINGWENKE LIANG QICHAO

作　　者	韩宗文	
责任编辑	孟繁龙	
责任校对	秋　生	
装帧设计	武彩君	
出版发行	远方出版社	
社　　址	呼和浩特市乌兰察布东路 666 号　邮编 010010	
电　　话	（0471）2236473 总编室　2236460 发行部	
经　　销	新华书店	
印　　刷	北京兰星球彩色印刷有限公司	
开　　本	170mm×240mm　1/16	
字　　数	187 千	
印　　张	15	
版　　次	2019 年 1 月第 1 版	
印　　次	2019 年 11 月第 1 次印刷	
印　　数	1—10 000 册	
标准书号	ISBN 978-7-5555-1259-2	
定　　价	42.00 元	

如发现印装质量问题，请与出版社联系调换

序

梁启超是中国近代史上一位学贯中西、百科全书式的人物。他是"中国知识分子第一人"，具有划时代的影响力。梁启超具有远大的志向，他是个有担当的知识分子，也是时代的巨人，有关心国家大事的情怀。梁启超的一生参与了历史转折中的几个重大事件，作为历史变革的推手，他站在了历史的风口浪尖上，勇敢地肩负起了历史赋予的使命。梁启超的一生都在积极改造社会，也在改变自己。他是善变的人，他的善变，是随着时代的进步不断修正自己、完善自己、调整自己。他敢于用今天的我打倒昨天的我。梁启超所做的一切，都是为了国家的繁荣富强。

清末民初，是中国社会发生巨变的时代，也是英雄辈出的时代。那个时期活跃于政治舞台和思想前沿的英雄，很多都是知识分子。正是这些时代的巨人，把鸦片战争以来饱受屈辱的中国的历史变成蓬勃向上充满希望的历史。新一代的知识分子积极引进外国新文化，用先进的学术思想和文化知识救国。是他们推动了中国现代化的进程，这些先进的爱国知识分子给中国带来了无限生机。他们当中，有位杰出的百科全书式的文化巨人——梁启超。

梁启超，字卓如，号任公，又号饮冰室主人。他是广东新会人。梁启超是中国近代维新派的代表人物，他是著名的政治活动家、启蒙思想家，更是教育家和文学家。他在很多领域都取得了巨大的成就，令人敬仰。美国著名记者爱德加·斯诺说他是"中国精神之父"。因为戊戌变法、庚子勤王、护国运动、五四运动中都有他的身影，他是时代的风云人物。梁启超生于1873年，卒于1929年，在五十多年的人生中，著述颇丰，共写了一千四百多万字的著作。他是中国近代历史上的文化巨人。他在中国近代的思想、政治、教育、史学、文学上都有建树。他见证和参与了很多晚清至民国的重大事件，是个了不起的政治家，所以，了解梁启超就能了解中国的近代史。

梁启超是一位百科全书式的人物，对今天的中国依然有着巨大的影响。梁启超希望国家富强、民族兴旺，这是他一生从事学术和政治的重要动力。他为国家做了很多事，胡适曾说："使无梁氏之笔，虽有百十孙、黄，岂能成功如此之速耶！"那个时代的年轻人，深受梁启超思想和文字的影响。

梁启超的《少年中国说》极富感染力，表达了他振兴国家的心声："少年智则国智，少年富则国富，少年强则国强，少年雄于地球，则国雄于地球……美哉我少年中国，与天不老；壮哉我中国少年，与国无疆！"文章充满激情，气势磅礴，极具感染力，振奋了当时苦闷中的中国知识分子的精神，成为风靡一时的名篇。在一百多年后的今天，这篇文章依旧广为流传。

梁启超的成功离不开他的家庭。因为家庭是孩子成长的摇篮，是孩子出生后接受教育的第一个场所。家庭教育对人成长的作用非常关键。能培养出中国近代史文化巨人的父母确有其过人之处，梁启超的父母都是最优秀的教育学家，梁启超是他们的得意之作。

梁启超的长辈，从小就注意对梁启超的教育，无论是在知识方面还是在做人方面都给他积极的影响。梁启超天资聪明，在长辈的悉心培养下，为今后的成功打下了坚实的基础。梁启超从小就深知家庭的期待，他肩负着一个家族出人头地的使命，他是整个家族的未来和希望。梁启超没有辜负家族的期待，他用顽强的毅力走过艰苦的读书生涯，走过人生中一段又一段艰辛的道路，最终走向成功，梁家的命运从梁启超起产生了巨大的变化。

梁启超的人生非常美满，夫妻恩爱，家庭幸福，对爱慕他的红颜知己，梁启超能用理智战胜感情。他还是个了不起的父亲，成功地把五个儿子、四个女儿全部培养成了社会的栋梁之才，成为各自领域的大师。

梁启超的子女是幸运的，他们有梁启超这样优秀的性格平和的父亲，这个父亲有能力为全家人创造优越的经济条件，尊重妻子，喜欢孩子。不因为自己是父亲就高高在上，而是平等地和孩子做朋友。有足够的金钱并且舍得为孩子的教育投资，他能站在相当的高度为孩子指引人生的方向，筹划孩子的前途，为孩子的前途着想。梁启超虽然担负着繁杂的社会事务，但他依旧拿出大量的时间、精力关爱和教育子女。他一生给子女们写了超过百万字的家书，家书里充满了父爱。

梁启超对孩子们读书学习、选择学校专业、未来的职业等各方面进行出谋划策，但却从不强迫命令，他是孩子们的导师和最亲密的朋友。孩子们也愿意向他诉说学习和思想上遇到的问题，和他探讨，并向他求教。面对孩子们提出的问题，梁启超都能耐心地给以详尽的解答并予以鼓励。梁启超非常关心孩子们人格品质方面的修养，希望孩子们养成健全的人格。

目录

CONTENTS

第一章

梁启超的家世和早期活动

第二章

梁启超在日本

第三章

学者梁启超

第六章

晚年生活

第一章

梁启超的家世和早期活动

祖父和父母

　　1873 年 2 月 23 日，在广东新会熊子乡茶坑村的一个世代务农的普通人家里一个孩子出生了，他就是梁启超。梁启超的祖先以农耕为生，处于社会的底层，没有地位和财富，学识也一般。梁家和千万个普通农民一样，面朝黄土背朝天，整日劳碌奔波，只能吃上饭。到了梁启超祖父这一代，梁家的日子好了一些，祖父开始一边种地一边读书了。在当时，读书是改变命运的渠道。梁启超的祖父考取了秀才，这对梁家来说是一件意义重大的事。从此，梁家终于从世代务农的人家，迈进了有文化的乡绅阶层，梁家的社会地位有了很大的提升。

　　梁启超的祖父叫梁维清，号镜泉先生。梁维清是个很普通的人，他没有什么大学问，更没有任何著作流传后世，只是个村里的读书人。他人生中最辉煌的时候，做过管理他们县文教工作的小官，这是最基层的职位，但对这个世代务农的家庭来说，梁维清已经是个了不起的大人物了。

　　梁启超的祖父家中有二十多亩地，梁维清在自己住房旁边的空地上建起一间小书斋，过着半耕半读的生活。梁维清有三个儿子，他最喜欢小儿子，也就是梁启超的父亲梁宝瑛。

梁宝瑛，字莲涧，生于1849年，卒于1916年，享年六十七岁。梁维清是靠读书科举改变命运的，他为儿子也设计了这条路，希望儿子梁宝瑛能考取功名，比自己走得更远，光宗耀祖。但遗憾的是梁宝瑛的仕途不顺，虽然苦读数年，但却屡考屡败，什么功名都没有考取，这对他是不小的打击，他感觉辜负了长辈的期待。后来，两个兄长因病去世，父亲梁维清又经常生病，家庭杂事繁多，于是他就不再考试，也和梁维清一样，一边耕种一边教书。

那个时候讲究门当户对，梁维清考中了秀才，家庭条件好转，社会地位也发生了变化。到了梁宝瑛成家的时候，肯定要找个般配人家的姑娘，贤惠的赵家姑娘是梁家最合适的人选。梁启超的母亲赵夫人出身于书香门第，祖父是举人，父亲是秀才。由于家庭的熏陶，也读过不少书。嫁到梁家后，她知书达理，孝敬公婆，是个好妻子。赵夫人喜欢吟诵唐诗，这对梁启超是个很好的启蒙教育，梁启超经常听见母亲吟诵诗歌，他是在母亲诗歌的浸润下长大的。

赵夫人生了四男二女六个孩子，梁启超是他的长子。赵夫人是个慈爱的母亲，但也有严厉的时候，在梁启超六岁的时候，有一次说谎被她发现了，赵夫人非常生气，严加盘问，用鞭子打了他十多下，严厉地警告他，如果再说谎会有更严厉的惩罚。这件事使梁启超印象深刻，多年后，他还写成文章，教育后人。遗憾的是，赵夫人在生第六个孩子的时候，因难产而去世。

梁维清考中过秀才，本来期望儿子梁宝瑛能比自己强，但儿子却什么都没有考中，他不免非常失望。眼看着儿子梁宝瑛在科举上不会有什么进展，于是，梁维清便把希望寄托在孙子梁启超身上。他希望梁启超能够读好书，将来金榜题名，提高家族的社会地位，光宗耀祖。

由于祖父的器重，整个家庭都对梁启超抱有不小的期待。在梁启超两三岁的时候，母亲便开始教他识字。到了四五岁，祖父梁维清就开始悉心指导他读书，是梁启超的启蒙人。在子女和孙辈当中，祖父对梁启超最为看重，他看出梁启超的天分极高，于是更加用心培养。梁启超是在祖父的精心教育下成长起来的，祖父白天教他学习，晚上睡觉的时候给他讲故事，在当地很难找出这么有学问的人，梁启超非常崇拜他的祖父。和同龄人相比，梁启超是幸运的，他的家庭为他的教育和为人打下了基础。

梁启超当时读了两本书，一部是《四子书》，另一部是《诗经》。这两本书对一个孩童来讲，非常艰深。但梁维清教得耐心，梁启超学得用心，很快就有了不小的长进。这两本书对梁启超产生了深远的影响，为他奠定了深厚的国学基础，同时也培养了梁启超的爱国情怀和民族大义。

梁维清在当地是个受人尊敬的乡绅，懂得医术，热心帮人看病，遇到穷人买不起药还直接赠送，深得乡人们的好评。他还热心公共事务，主动捐钱修路铺桥。梁启超和祖父共同生活了十九年，梁维清平时的言传身教对梁启超的影响很大，使得梁启超从小就胸有大志。

在梁启超的成长过程中，来自于父亲的影响也不小。虽然梁宝瑛没有考取过功名，但却是个非常不错的乡村教书先生。梁启超和他的兄弟、堂兄弟从小就在父亲的私塾中读书，梁宝瑛教他们读的书是《中国史略》和《五经》。四书五经都是科举考试的必读书目，《中国史略》是一个德国传教士写成的。由此可见，梁宝瑛对梁启超读书什么并没有太多的限制，甚至鼓励他读各种不同类型的书，这有利于开拓他的眼界。

梁宝瑛是个不苟言笑的人，在孩子面前他是个严厉的父亲。他省吃俭用，生活极为简朴。后来梁启超的事业发达，生活好了起来，有了足够的钱，能够给他提供好的生活条件，但他依旧保持自己的本色。梁宝瑛很有责任感，虽然他没有考取功名，但读了不少书，在当地有很高的威信，乡里的大小事务都要他去处理，他也努力、热心地去处理各种事务。由于他经常超负荷运转，累得落下了一身疾病，但却保证了乡村的安宁。

祖父梁维清晚年多病，俗话说："久病床前无孝子"，父亲梁宝瑛却在病床前毫无怨言地照顾他将近二十年，除了照顾老人，他还要操心孩子们的学业。父亲对长辈的行为，深深感动了梁启超。

梁家对梁启超寄予厚望，又悉心培养，梁启超没有辜负家人的期待，很快就有了施展才华的一天。梁启超不到十岁的时候，就随着叔伯和兄长们一起参加省城的科举考试，在不到十二岁的时候，就考取了秀才，达到了梁维清奋斗半生的高度。梁启超的科举成功，给这个家庭带来了巨大的希望和期待，他们相信，梁启超会有更大的成功。果然，梁启超在十七岁那年考取了举人，实现了家族的期待。

梁启超的成功不仅仅是因为他才华出众，还因为家庭对他的全方位培养。出身于农家的梁家有着勤俭、务实和进取的品质。梁启超的祖父和父亲不仅教孩子们读书，还教孩子们做人，把道德修养和精神品质放在重要的位置上。

从现代教育的角度上看，早期教育对人的一生会产生深远的影响。梁家虽然只是读过书的农民家庭，但梁启超的祖父高瞻远瞩，他的教育理念超越了那个时代。梁家竭尽全力，在给梁启超提供最好的教育环境的同时，还重视对梁启超的爱国精神和责任感的培养，把他培养成了正直的人。梁启超的天资再加上家庭良好的教育，使得他最终成为成了中国近代史上一个了不起的巨人，成就了一番辉煌的事业。

　　从小接受过良好教育的梁启超，深知家庭教育对一个人成长的重要意义，作为教育家的梁启超也非常重视子女的教育。他本身具有深厚的国学功底，又接受了西方最先进的教育理念，还舍得为子女的教育花钱、花时间。他成功地把九个孩子全部培养成了具有社会责任感的栋梁之才，成为各自领域的大师。

爱情和婚姻

　　梁启超的婚姻非常幸福美满，真可谓郎才女貌。梁启超的夫人叫李蕙仙。她的本名是端蕙，蕙仙只是她的表字。在梁启超的《上海遇雪寄蕙仙》的诗中，题下有注："蕙仙，李夫人字。"因为叫惯了蕙仙，她的本名反倒很少有人知道了。梁启超一生取得的巨大成就，与他的夫人李蕙仙是分不开的。

　　李蕙仙在北京南边的固安县出生，她是个名门的闺秀，家庭条件非常优越，李蕙仙的父亲李朝仪官运亨通，最高做到了顺天府尹，相当于今天的北京市市长。父亲很宠爱她，重视对她的家庭教育，李蕙仙从小就熟读古诗，接受到了最好的教育。她天资聪慧，幼承庭训家学，熟读古诗，擅长吟诗作文，琴棋书画无不精通，是当时有名的才女。她能吃苦耐劳，为人善良，性情侠义豪放，富有同情心，以助人为乐，遇事果断，不像一般女子那般懦弱、怕事和优柔寡断。李蕙仙慧眼识英才，不爱金钱爱文章，她读到梁启超的文章后，非常仰慕，非梁启超不嫁。

　　李蕙仙和梁启超的红线是由李端棻牵上的。李端棻早年丧父，幸运的是叔叔李朝仪，也就是李蕙仙的父亲对他很好。李朝仪在众多子侄中最喜欢他，非常看重他，把他当作自己的儿子一样，用心培养。李家本来生活在贵州的贵阳。李朝仪到北京任职时，把李端棻也带到北京去求学。李端棻的乡试，是在北京考的。他很有才华，乡试第二年的会试，李端棻就顺利地考中了进士，进入翰林院，开始官场生涯。

李蕙仙十岁的时候，父亲李朝仪当上了顺天府尹，也就是北京市市长。三年后，李朝仪去世。虽然父亲去世了，但堂兄李端棻政途非常顺利，照样给她提供舒服的生活。在1889年，李端棻以大学士身份典试广东。梁启超那个时候是众多参加考试的考生之一，当时只有十七岁，他的文章立意新颖畅达，受到李端棻的赏识。于是，梁启超考了第八的好成绩，成为当时考场上耀眼的一颗新星。这在当时十分少见，于是，梁启超被人们誉为"岭南奇才"。

李端棻非常重视具有维新思想的人才，对梁启超这样一位前途不可限量的少年才俊非常赏识，亲自将堂妹李蕙仙许配给他，这个时候的李蕙仙已经二十一岁，比梁启超大四岁。多亏李端棻下手早，否则梁启超很可能另娶他人。当时副主考王仁堪有个女儿没有婚配，王仁堪非常喜欢梁启超的才华，认为他的前途不可限量，也想把女儿嫁给梁启超，没想到却被主考大人抢先一步。李端棻看出王仁堪的心思，于是请他做媒人，王仁堪只好做个顺水人情，成全他人的好事，但心中还是有不小的遗憾。

1890年，梁启超到京城会试，没有考中。回广州的路上经过上海，第一次看到介绍世界地理的《瀛寰志略》，这个时候才开始知道五大洲的世界各国。梁启超说中国士大夫阶层那些有点世界地理知识的人，也是从这本书开始的了解的。成书于1849年的《瀛寰志略》，全书共十卷，大约十四万字，书里有四十二张插图。书的作者是清朝的徐继畬，他是晚清名臣，也是著名的学者，《纽约时报》称其为东方的伽利略。这本书对梁启超的影响很大，从此他的思想发生了巨大的变化。于是，梁启超把江南制造局翻译的新书，其中很多是自然科学著作，都拿来如饥似渴地读了一遍，虽然很多内容他还消化吸收不了，但这些新鲜的知识就在梁启超的心里扎下了根，他知道了更广阔的世界。

在梁启超的成长过程中，他结识了很多重要的人物，在这些人中，康有为对他的影响非常大。在1890年，梁启超认识了康有为，从此，他的人生轨迹发生了不小的变化。梁启超在学海堂读书的时候，有个叫陈千秋的同学与梁启超非常要好。陈千秋是南海县西樵乡人，也是学堂里的高才生。有一天，陈千秋兴奋地对梁启超说起南海康有为的事。康有为出身于封建地主贵族家庭，他多次考试却屡试不中，于是对科举考试丧失了兴趣。1888年，康有为在北京参加顺天乡试的时候，写了一封五千字的《上清帝书》，向光绪皇帝提出："强邻四逼于外，奸民蓄乱于内，一旦有变，其何以支？"康有为说，如果还是因循守旧，不变法图强，外国列强必然会进一步深入国土，像太平天国那样的起义就会再次发生。他的思想引起保守派的强烈不满。在这次乡试中，康有为已经考中举人，但大臣徐桐认为，像康有为这样轻狂的人如果也考中，肯定会把朝庭搞得乌烟瘴气，所以，他必须要防患于未然。于是，徐桐毫不犹豫地抽去他的试卷，让康有为落榜了。虽然康有为没有考取功名，但他的上书却产生了不小的社会影响，康有为也有了一定的声望。

康有为刚巧从京师回来，正好可以去拜访他。在陈千秋的引荐下，梁启超结识了康有为，那个时候，康有为已经三十三岁了，才是个监生，而梁启超才十八岁已经是举人了。刚开始梁启超只是想拜访他一下，多了解一些事，但没有想到，他见到康有为后，自己的人生竟然发生了巨大的变化。

梁启超初次见到康有为的时候，康有为就"以大海潮音，作狮子吼"，给梁启超讲了十多个小时，从西方文化，到现实的时政，然后又讲到孔子之道，梁启超听得如痴如醉，先是茫然，随后豁然开朗。梁启超这样说起当时的心情："余以少年科第，且于时流所推重之训诂词章学颇有所知，辄沾沾自喜。先生乃以大海潮音作狮子吼，取其所挟持之数百年无用旧学，更端驳诘，悉举而摧陷廓清之。"

康有为为梁启超打开了一扇大门，这就是西学、立宪、维新、变法，这是一条梁启超闻所未闻的全新道路。梁启超感到以前学的都是科举考试的敲门砖，和真正治理国家的大学问有差别。

梁启超对康有为非常佩服，他认为康有为的学问是一般人所想象不到的。如果能找到这样的老师，那就太好了。于是，梁启超正式拜康有为为师。梁启超拜康有为为师，是举人拜秀才为师，这在历史上非常罕见，在当时成为一段佳话。如果康有为不是学富五车、见识广泛、思想先进，梁启超绝对不会拜他为师。陈千秋和梁启超二人请求康有为自己开学馆，于是康有为便在广州长兴里成立了万木草堂。梁启超从此便结束了在学海堂的学习，梁启超拜康有为为师极大地增强了康有为的名气。

梁启超的学问和才能很快在康有为的诸多弟子中脱颖而出，康有为对梁启超非常满意，把平生最得意的两部著作——《新学伪经考》和《孔子改制考》，交给梁启超一起参与校勘和编撰。康有为还把自己一些外出讲学的事情交给梁启超，希望他能扩大自己的影响。

维新运动

1891 年，二十三岁的李蕙仙与十九岁的梁启超结婚。梁启超和李蕙仙之间的门第相差很大。婚礼在北京李家举行，由李端棻亲手操办。梁启超周围的亲朋好友对他的姻缘给予了祝福，这个婚姻对梁启超的事业有极大的帮助。他由广州去北京成婚时，老师康有为专门给他写了一首诗送行：

道入天人际，江门风月存。

小心结豪俊，内热救黎元。

忧国吾其已，乘云世易尊。

贾生正年少，诀荡上天门。

很快，梁启超和李蕙仙就成家了，李蕙仙出身宦门，梁启超出身寒素之家，梁李两家现实地位和经济能力有很大的差距。但这并不影响他们的相处，两人完婚后始终恩爱如初，这在当时传为佳话，梁启超几次进京参加考试都住在李端棻的家中。李蕙仙是一位典型的贤妻良母，也是一位贤能的媳妇。结婚后，梁启超与李蕙仙在北京住了一年。

1892年夏，她随梁启超在新会县茶坑村住了一年多。这是她堂兄李端棻对她的要求，觉得她应当回去拜见翁姑，做个贤惠的夫人，孝敬公婆，尽晚辈的礼仪。

这个婚姻对梁家来说是件很荣耀的事，因为梁家是个贫苦家庭，家里只有几亩薄田耕耘，祖父和父亲靠教书、种地维持生活，过着半耕半读的日子，只有几间简陋的住房。尽管家里条件不好，但梁启超的父亲还是把家里的古书室布置成新房，让新婚夫妇住在那里，梁家尽最大可能为李蕙仙提供好的生活条件。

从小生长在北京的官宦之家过着优越生活李蕙仙，来到南方的农村，这样的生活环境对她是不小的挑战。但她却安然处之，从来没有嫌弃家里条件艰苦，虽然语言不通、生活不习惯，但却亲自挑水、舂米、煮饭，从未表现出不高兴的情绪。当她来到茶坑村的时候，梁启超的亲生母亲已因为难产去世六年，主持家政的是梁的继母。继母只年长蕙仙二岁，而蕙仙却很尊敬她，和颜悦色地对待继母，终于赢得了继母的心。继母很欢喜她，把李蕙仙看作自己的亲生女儿一样。

李蕙仙是大家闺秀，也是梁启超的良友。梁启超刚去北京的时候，满口别人听不懂的方言，在李夫人的帮助下，他才学会了普通话，因而去除了走南闯北、到处讲演、到处授课的语言障碍。

梁家非常贫穷，李蕙仙带了一笔丰厚的嫁妆来到梁启超的家里。梁启超没钱买书，李蕙仙就将陪嫁的首饰变卖了资助丈夫；梁家亲戚生活困难，也是李蕙仙给予金钱上的帮助。李蕙仙的大方得体，赢得了众人一致的赞誉。

婚后的梁启超继续在康有为主持的万木草堂读书求学，万木草堂在广州的长兴里，离梁启超的家有百里之遥，交通很不方便。他们夫妻总是聚少离多。后来，梁启超又进京参加会试，两人相聚的时间就更少了。这个时候，国家正处于危难之中。甲午战争后，北洋水师全军覆没，清政府委屈求和，割地赔款。国难当头之际，梁启超不再把考取功名作为人生目标，他变成了一个改革者和启蒙者。全身心地投入到维新变法、救亡图存的时代浪潮中去。从学海堂到万木草堂，是梁启超由书斋迈向社会的重要一步。在万木草堂，梁启超了解了天下大势和民族危难，立下为改良救国、振兴国家而奋斗的宏伟志向。由于阅读了大量的中西书籍，开阔了眼界，拓展了知识面，所以，他后来无论是在思想界还是在舆论界，都能大显身手。

李蕙仙非常支持梁启超的活动，是他得力的助手。梁启超对李蕙仙的感情非常深，李蕙仙回贵州探亲的那些日子，梁思超因为思念她，同时也担心妻子路上的行程冷暖，写了一首词《兰陵王·至日寄蕙仙计时当在道中》，表达对妻子的感情：

暝烟直，织就一天愁色。栏杆外无限庭芜，付与斜阳尽狼藉，良期渺难得。遮莫年华虚掷，迢迢夜，梦去愁来，还似年时倦游客。

天涯数行迹。念衾冷舟蓬，灯暗亭壁，篮舆扶下正无力。又月店鸡声，霜桥马影，催人晨起趁晚驿。夜凉怎将息。凄寂，共今夕，共目断行云，江树南北，芳痕触处情无极。有织锦留墨，唾绒凝碧，思量无寐。又淡月，照帘隙。

1893 年农历二月二十八，梁启超与李蕙仙结婚一年半时，他们的第一个孩子，大女儿梁思顺在广东新会梁启超家的老宅出生了。梁思顺，字令娴，她是梁启超最喜欢的孩子，也是他们夫妻最喜欢的孩子。梁思顺出生的时候，梁启超刚满二十岁。梁思顺的年龄和父亲相差不多，所以梁启超有很多话都愿意和她说。幼年的梁思顺在梁启超的老家生活了一段时间，后来，李蕙仙带着年幼的梁思顺去上海和梁启超一起生活。1896年年底，李蕙仙再次有喜，第二年秋天，她生下一个男孩，但这个孩子一个多月就夭折了。经历了丧子之痛，梁氏夫妇对女儿梁思顺更加精心养育。

梁启超成家后，就和康有为一起，为了国家全心全意干事业，从此，中国政坛上多了一颗新星。1894年，中日甲午战争爆发，中国被日本打败。1895年的春天，康有为和梁启超师徒二人一起去北京参加会试，康有为参加考试的消息很快就传到主考官那里。主考官徐桐是守旧派的代表，对康有为的主张非常不满，不希望他考中，于是下令众考官，凡是措辞和文风与康有为接近的，文章中有离经叛道观点的，一律不予录取。

梁启超才华横溢，他的文章见解深刻，本来是可以高中的。但因文风和康有为很接近，结果被主考官徐桐认为这是康有为的文章，成了老师康有为的替罪羊，直接被淘汰了。而康有为本人竟然侥幸过关，考中了进士。副考官李文田非常欣赏梁启超的文采，但却无法违抗主考官的意思，只好在文末批道："还君明珠双泪垂，恨不相逢未嫁时"。

当他们考完试和各地应试的举人等待发榜的时候，清朝政府和日本侵略者签订《马关条约》割让台湾及辽东、赔款白银两亿两的消息传到京城，这是个丧权辱国的条约。这个消息传出来后，在北京应试的举人群情激愤。台籍的举人更是抱头痛哭流涕。四月初八日，康有为和梁启超发动了著名的"公车上书"，十八省的举人纷纷响应，在京城的一千多名举人联名上书皇帝，要求朝廷拒和、迁都、实行变法。五月二日，十八省举人和数千市民集中在都察院门前上书。

这次上书是维新运动的序幕。梁启超作为康有为的助手联络各省的举人、撰写文章、起草公文，发挥了极为重要的作用。虽然上书被清政府拒绝，但在社会上却产生了巨大的影响。从"公车上书"开始，维新派登上了历史的舞台。

但"公车上书"却如泥牛入海，从此就没有任何音信了。康有为只好想新的办法宣传维新思想。他认为，西方强盛的主要原因在于民智的开启，开启民智最好的办法就是办报。办报可以唤起民众、解放思想，还可以凭借社会上的舆论对朝廷形成压力，推动变法。

1895 年 6 月，康有为以变法图强为号召，在北京创办《万国公报》，后来这个报纸改名为《中外纪闻》。这是他们办的第一份报纸，也是中国知识界办的第一份报纸，主编梁启超和麦孟华也是第一次尝试办报。报纸内容主要有政治评论、西方科学、文化，也介绍西方的"新政"、评议朝政，臧否人物，成为了近代首个知识分子发声议政的报刊，这些报纸免费送给京城的士大夫们阅读。后来报纸的影响力越来越大，由于赠送的报纸数量有限，很多人愿意花钱买报纸，于是报纸就由赠送变成营业性的订购与发行。

梁启超是这个报纸的主要撰稿人，他勤奋写稿，撰写了大量介绍西方的文章，宣传维新思想，鼓吹变法。梁启超才华横溢，说理透辟，酣畅淋漓。报纸的影响很大，很多人不同意他的观点，但对他的文采却赞不绝口。梁启超的文章流传很广，非常富有感染力，他出色的文笔打动了许多上层人士。他们听到了从没有听到的理论和见解，了解到中国在当时世界中所处的地位，慢慢地开始相信实行变法的好处，开始认同康有为和梁启超等维新人士的主张，维新改良思潮也渐渐地被人们接受了。

在办报的过程中，梁启超显示了自己的才华，能力得到了锻炼。

康有为和梁启超的名声越发响亮，还吸引了不少志同道合的人，比如夏曾佑、陈炽、张权等人。在很短的时间里，康有为和梁启超就从普通的士子，转变成了维新运动的领袖人物。

康有为又成立了强学会，所谓强学，就是研究如何使国家富强，这是近百年来，有志之士不惜流血牺牲去追求的目标。强学会的宗旨，是"专为中国自强而立"。康有为成立强学会的目的，是想联合社会上志同道合的知识分子和体制内的开明人士，对朝廷内的保守势力形成压力，推动维新运动的开展。在《强学会叙》中，康有为写道："俄北瞰，英西睒，法南瞬，日东眈，处四强邻之中而为中国，岌岌哉"，这些话让自我感觉生活在太平盛世的民众，认识到中国正处于数千年来从未有过的巨大危机之中。强学会提倡变法自强是人心所向，青年士子们从者如流，许多京城高官和地方大员也非常支持变法。

这其中，军机大臣兼户部尚书翁同龢、湖广总督张之洞、两江总督刘坤一、新建陆军督办袁世凯等人都资助强学会，并成为学会的发起人。李鸿章也要加入，并捐款两千两白银。康有为考虑到他刚从日本回来，名声不太好，所以拒绝了他的捐款。

在《中外纪闻》的影响下，全国的各种报刊就像雨后春笋一样冒了出来。在上海有《时务报》，在天津有《国闻报》，在澳门有《知新报》，在长沙有《湘报》，这些都是当时影响力很大的报纸。梁启超等人成为了报界的领军人物。康有为、梁启超的活动受到了朝廷内保守力量的干预。第二年1月，清廷以强学会违反了结社和党禁的规定为理由，强行解散了强学会。

康有为应汪康年的邀请，带着梁启超南下，去上海成立了强学会。同时创办了《时务报》，继续从事维新运动。

香帅张之洞

张之洞资助了上海的强学会和《强学报》，康有为负责具体的事务。当张之洞发现无法约束康有为的时候，就派心腹汪康年接替康有为。汪康年接手后，按照张之洞的指令清盘善后。他计划着利用强学会的架构和积累办一份新的报纸，并希望与康有为和梁启超等维新派重新合作。但汪康年的朋友们大都反对他的计划。吴樵、汪大燮、沈曾植、叶瀚等人认为康有为"诸人大率非我族类，万万不便沾染"。和他合作将来肯定会有冲突，不如保持距离，谨慎从事为妙。

在汪康年所有的朋友中，只有黄遵宪赞成他的合作计划。黄遵宪具有浓厚维新思想，他和康有为 "朝夕过从，无所不语"。他不满意张之洞停办上海的强学会，所以与汪康年的想法不谋而合，全力支持汪康年的想法，拿出千金做开办经费。他说："我辈办此事，当作为众人之事，不可作为一人之事，乃易有成；故吾所集款，不作为股份，不作为垫款，务期此事之成而已。"

1896 年 4 月，在黄遵宪的支持下，汪康年邀请正在京城的梁启超南下参与筹备报纸的具体工作。梁启超接到电报后，就离开北京去了上海。上海是近代中国最开放的大城市，也是中西文化交流最多的地方，在这里，聚集了一批才华横溢、学贯中西的知识分子。

在上海，汪康年介绍梁启超和黄遵宪相识，他们一起商量报纸的宗旨、体例和内容。黄遵宪建议，报纸的管理体制应该借鉴三权分立思想，议政与行政分离，选举一个超然的董事会负责制定章程和制度。随后大家又定下来《时务报》的名称。

报纸用汪康年、梁启超、黄遵宪、吴德潇、邹代钧五人名义印制了两千张《公启》分别送给各处的同志。《公启》一共有三十条，梁启超初拟好草稿后，黄遵宪又反复修改。《公启》比较系统地反映了《时务报》的创办宗旨，详细地介绍了《时务报》的招股集资方法与方式。

《时务报》是旬刊，一共发行了六十九期。《时务报》最大的亮点就是梁启超的文章，这也是《时务报》当时风靡一时的重要原因。从第一期开始直到梁启超离开《时务报》为止，几乎每期都有梁启超的政论和时评。

在《时务报》第一期上，梁启超写了两篇，一篇是《论报馆有益于国事》，一篇为《变法通议序》。第一篇相当于《时务报》的发刊宣言，后一篇《变法通议序》是梁启超的成名作，文章对中国即将到来的变法维新可能触及的问题都有论述，这些观点对新思想的传播起到了重要的作用。

梁启超是中国新闻事业的奠基人，中国新闻事业的快速发展，梁启超有着不小的贡献。他办报的宗旨是"开民智"，他几乎每天写一篇社论，他的文章对变法有着极大的促进作用。《时务报》第一期出版后，立即引起强烈反响，在全国各地好评如潮。

　　巡抚陈宝箴的公子陈三立给汪康年写信，称梁启超是旷世奇才，相信《时务报》如果能够坚持下去，"必能渐开风气，增光上国"。

　　黄绍箕告诉汪康年《时务报》至美至美。

　　张之洞的幕僚叶瀚称赞梁启超是不可多得的办报天才。

　　郑孝胥致函汪康年，称"梁君下笔，排山倒海，尤有举大事，动大众之慨。"

　　吴樵说："急读之下，狂舞万状，自始至终，庄诵万遍，谨为四百兆黄种额手，曰死灰复炽；谨为二百里清蒙气、动物、植物种种众生额手，曰太平可睹。我辈亦当互相称庆。"

　　在不长的时间里，《时务报》的销量达到万余份，这是中国有报馆以来前所未有的盛况。

　　《时务报》畅销的原因是多方面的，首先是梁启超的文笔和思想起了很大作用，《时务报》的精华文章大部分都出自梁启超之手。《时务报》因为连载了梁启超的《变法通议》，便在众多的报纸中脱颖而出，成为当时最有影响力的维新派刊物。《变法通议》的主要内容是论证中国的社会变则存，不变则亡；梁启超认为只有改良现行的腐朽官僚体制和科举取士制度，兴办新式的学校，培养变法的人才，才能从根本上解决封建制度的各种弊端，维护清朝的政治统治。梁启超的《变法通议》是近代中国最为系统全面地向国民宣扬维新变法主张的著作，是晚清政坛上名声最大的宣传著作，也是维新变法时期宣传改良思想的著作。

　　这个时候的梁启超二十岁左右，他的精力旺盛，才智过人。他的一支笔妙趣横生，呼吁变法，抨击时弊，介绍西学，笔力磅礴，无数读者为他的文笔所倾倒，他被人称为"舆论之骄子，天纵之天豪"。

汪康年的经营和他与各方面的疏通交流也起到了极重要的作用，另外，黄遵宪多年来积累的人脉资源，也为《时务报》的推广起到了重要的作用。

梁启超和《时务报》，影响了相当一批人。梁启超强烈反对自强运动中的技术决定论，由于学习了明治维新的经验，梁启超坚定地认为，为了使中国复兴，政治的改革比技术的输入更为重要。梁启超主张，中国政治改革的关键是彻底改革教育制度，提供中国传统文化和西方政治经验的教育。

梁启超因《时务报》的畅销而声明鹊起，就连一开始不支持《时务报》的张之洞，连续读了几期后，也喜欢梁启超的文章，写信邀请梁启超去湖北，说有要事商量。张之洞随信捐款五百银圆，同时下令湖北全省"官销"，他认为《时务报》"实为中国创始第一种有益之报。"后来，上到京官大臣下到府县，几乎人手一份。各省市也竞相模仿办报，这对推动变法维新起到了很大的作用。

张之洞是河北人，字孝达，号香涛，又号香严，晚年自号抱冰老人。他是清末四大名臣之一，也是洋务派的首领。张之洞是1863年的进士，是清流派的重要成员，他有清牛角之称。当时人称清流派以死谏著称，李鸿藻是牛头，张之洞是牛角。李鸿章和李鸿藻政见不同，是死对头。张之洞被人称为香帅，因为张之洞的号是香涛，他又出任封疆大吏，历任多地总督，所以被人们称为香帅。但张之洞本人长得不但不帅，而且又矮又瘦，人们说他是猿猴转世。虽然张之洞其貌不扬，但他却是晚清的重臣。

1881年，张之洞任山西的巡抚，他的政治态度发生改变，大力从事洋务活动，成为后期洋务派的主要代表人物。1884年，张之洞补授两广总督。中法战争爆发后，张之洞力主抗法，在广东筹办近代工业，用新式装备和操法练兵，又设立了水师学堂。1889 年，张之洞调湖广总督。建立湖北铁路局、湖北枪炮厂、湖北纺织官局。开办大冶铁矿、内河船运和电讯事业。后又编练新军，在鄂和苏两地设新式学堂，多次派遣学生去国外留学。还大量举借外债，是地方政府直接向外国订约借款的先驱。

戊戌变法时期，张之洞一开始是支持维新活动的，他多次出资赞助维新派。当维新运动日益发展、新旧斗争日趋激化后，张之洞开始宣传洋务主张，反对变法维新。张之洞是晚清洋务运动的代表人物，在开办实业，尤其是发展民族工业方面，做出了很大的贡献。毛主席曾说，中国民族工业有两个人不能忘记，轻工业不能忘记张謇，重工业则不能忘记张之洞。张之洞是个出淤泥而不染的清官，他长期在地方担任总督，有着实权，他把钱都花在了修建铁路、兴建学校等时务上了，却从来没有用权力为自己谋取私利。1909 年，张之洞去世的时候，家中没有钱，只有万卷图书。这样有能力、有权利，又清廉的官员，算得上是清朝难得的栋梁之才了。

但很多人对张之洞的评价不高，李鸿章就是其中的一个。在晚年的时候，李鸿章曾经说过："从前有许多言官，遇事弹纠，放言高论，盛名鼎鼎；后来放了外任，负到实在事责，从前芒角，立时收敛，一言不敢妄发；迨至升任封疆，则痛恨言官，更甚于人。"李鸿章这里说的言官，指的就是张之洞。张之洞是翰林出身，依附清流党李鸿藻，成为"翰林四谏"之一。他们自称清流，反对李鸿章的洋务运动，是李鸿章洋务运动的阻碍。

张之洞和梁启超之间有一些交往的逸闻趣事。光绪年间，康有为和梁启超等人积极进行维新变法。为了对抗顽固势力，他们结交开明的官员，以争取得到更多的支持。张之洞担任湖广的总督，身居要职，是地位显赫的封疆大吏。他开展洋务运动，具有维新意识，是实施变法要争取的重要人物。但张之洞对于梁启超这些维新人士很不满。

梁启超路过武汉的时候，特意前去拜访张之洞这位德高望重的洋务运动领袖，争取得到他的支持。梁启超递上拜帖之后，等候接见。张之洞看到梁启超拜帖的落款写着"愚弟梁启超顿首"心生不满，认为梁启超和自己称兄道弟，非常狂妄。

张之洞当即在拜帖上书写一句上联，让人给梁启超看："披一品衣，抱九仙骨，狂生无礼称愚弟。"梁启超接着在拜帖上写出下联，又投了进去。下联对道："行千里路，读万卷书，侠士有志傲王侯。"

张之洞看过拜帖后，感觉梁启超虽然狂妄，但却有胆略和才识，并非等闲之人，就决定和他见面。两人就坐后，张之洞又出了一个上联：

"四水江第一，四时夏第二，老夫居江夏，谁是第一，谁是第二？"

四水指长江、黄河、淮河、济水，长江排在首位；四时是指春、夏、秋、冬，夏排在第二。所以很难回答"谁是第一，谁是第二"。

这个上联非常难对，但梁启超却从容应对："三教儒在前，三才人在后，小子本儒人，何敢在前，何敢在后。"

梁启超用自己的身份"儒人"作答。儒、佛、道三教，以儒为首；天、地、人三才，人居末位。张之洞问的"谁是第一，谁是第二"，梁启超答"何敢在先，何敢在后"。这个回答真是不卑不亢，十分得体。

张之洞对梁启超非常赏识，两人相谈甚欢。张之洞在官场上混迹多年，虽然有心支持变法，但他更懂得明哲保身，最终没有介入那场风波。但此后，张之洞和梁启超之间就有了来往。

张之洞公费订阅《时务报》通知下发不久，梁启超在《时务报》第五册发表《变法通议》的连载系列《论学校》。文章批评了张之洞在代理两江总督时创建"自强军"，用高薪聘用洋人为教官，有媚洋的嫌疑。梁启超在这篇文章中称满族人为"彼族"。这些言论叫张之洞非常不高兴。张之洞示意湖北不再公费订阅，他要筹备一个新的刊物，对《时务报》的极端言论给予批驳。

吴樵当时正在武汉，他及时向梁启超转述了张之洞的意见，但梁启超根本不在意这件事。他随后又发表了一些言辞激进的文章。这些文章触犯了清廷的忌讳，虽然张之洞很开明也很惜才，但他却难以容忍这些离经叛道的思想和主张，于是授意梁鼎芬著文反驳。

随后，梁启超一反当初约定，热衷于宣传老师康有为的"三世说""大同说"和创立孔教等极端主张，这些极端的言论引起各方面反对。

这个时候，梁启超和章太炎发生了一场冲突，这次事件对《时务报》造成了很不好的影响。章太炎和梁启超一样，擅长写文章，是国学大师，也有很多弟子成为后世敬仰的大家。早年，章太炎在杭州的书斋里师从经学大师俞樾专治朴学，1894 年，中日甲午战争轰鸣的炮声，把年轻的章太炎惊醒。他对"公车上书"的康有为非常仰慕，章太炎从杭州邮寄了十六元，要求加入康有为在上海创办的强学会。后来，他如愿以偿成了康党。在上海，他结交了谭嗣同和梁启超。开始的时候，他和梁启超的关系很密切。章太炎擅长写文章，他在梁启超主持的维新派报纸《时务报》中担任主编。

章太炎为人处世非常狂傲。由于康有为浙派强势，引起了章太炎的不满。章太炎和康派从学术思想到政治观点都有分歧，于是，就开始开骂。章太炎骂康派为"教匪"，康派则骂章太炎为"陋儒"。随着骂架的升级，演变成了打架。梁启超带着康派的一群人到报馆，拳击章太炎，章太炎毫不犹豫，立即动手还击。两方发生了肢体冲突。章太炎愤而辞职，离开上海去了杭州。

1898 年戊戌变法失败后，梁启超和章太炎都被迫流亡日本。在日本流亡的时候，章太炎和梁启超又开始来往，他们之间的关系一开始很不错，但也有一些分歧。一次，两人谈及孙中山，章问梁："孙逸仙何许人？"梁答："此人蓄志倾覆满洲政府。"章听后，"心甚壮之"。梁启超接着说，孙中山主张革命，不过是陈胜、吴广之类而已。章太炎说，如果能主张革命，就不要再谈论他的人才是否优劣。

在梁启超的介绍下，章太炎认识了孙中山。他与孙中山的关系很好，在与孙中山来往中，章太炎的思想发生了很大的转变，他渐趋革命，最终和维新派的康有为、梁启超彻底分手。在 1903 年，章太炎写了《驳康有为论革命书》，和维新派彻底划清界限。在文章中，章太炎直斥康有为"舞词弄扎，眩惑天下"。从此章太炎名扬天下。1906 到 1907年间，章太炎和梁启超发生了论战。这场论战是革命和维新之间的论战，他们之间没有任何调和的可能。论战的起因是康有为写了一篇长文叫《法国革命论》，内容是排斥革命，主张维新。对这样的文章，革命党人按照惯例都是组织力量驳斥一番。这个时候，章太炎刑满释放，第二次流亡日本。在孙中山的关怀下，他开始参与同盟会的机关报《民报》。章太炎接收报纸后，陆续发表一些铁杆革命党胡汉民、汪精卫等人的文章。他亲自与梁启超对阵厮杀，写下了《箴新党论》。这篇文章详细叙述了维新党的演变，分析总结了维新派的很多致命伤，比如说缺乏胆识、没有牺牲精神等。他的气势猛烈，咄咄逼人。于是，双方的主力笔杆子章太炎和梁启超两人针尖对麦芒，一场持续一年的大规模论战开始了。

论战之初，与两派都有交往的徐佛苏出面调停，但章太炎丝毫没给他面子，继续论战。论战半年后，维新和革命之间的优劣之处越来越明显。梁启超虽然妙笔如花，但也有些招架不住了。这次徐佛苏出面找到了湖南老乡宋教仁出面调停，劝他暂时休战。但此时的章太炎越战越勇，不想和稀泥。1907年冬天，维新派机关报《新民丛报》宣布停刊，这场持续一年多的论战才结束。从此，两人之间关系很不好，再也没有和解。辛亥革命后，章太炎的女婿龚未生主持浙江图书馆事务，因康有为和梁启超与章太炎的政见不一，整个图书馆竟没有一部康梁的著作。

后来，梁启超退出政坛，专心学术。清华拟建国学院，胡适向校长曹云祥推荐三个大师：梁启超、章太炎、王国维。梁启超接受了邀请，但只愿意出任导师，不愿意当院长。章太炎则毫不犹豫地拒绝了清华的邀请，因为他"耻与梁启超为伍"。

湖南时务学堂

汪康年在张之洞的授意之下，对梁启超进行干预，力图控制《时务报》，他们两人之间的矛盾不断激化。这个时候，湖南巡抚陈宝箴邀请梁启超就任长沙时务学堂总教习，这是黄遵宪推荐的职位，梁启超马上就接受了。

但在要求《时务报》馆总理汪康年放人的问题上并不顺利。对汪康年来说，聘走梁启超与李维格，是挖自己墙角的行为，对《时务报》是个不小的损失。熊希龄想了很多办法让汪康年放人，先由湘省出面给梁启超和李维格二人送去聘书，随后熊希龄和黄遵宪先后给汪康年去信委婉相劝，希望他能同意。后来，参与时务学堂筹办的湖南官绅，凡是与汪康年关系好的人，几乎同时写信给汪康年，劝他放梁启超和李维格二人入湘。学政江标致函汪康年说："此间时务学堂拟敦请卓公为主讲，官绅士民同出一心，湘士尤盼之甚切也。弟亦望卓公来，可以学报事交托，惟上海无人奈何。" 9月14日，汪康年同时收到了熊希龄、邹代钧、黄遵宪与江标的劝说函。黄遵宪同时给梁启超和李维格写信，劝说他们到任。

熊希龄又致函在南京的谭嗣同，请求他对汪康年加以劝说。谭嗣同和汪康年两人之间的关系非常密切，他的劝说很有分量。经过大家的争取，再加上梁启超和李维格也表示愿意受聘，汪康年的态度有所松动。最后，汪康年迫于形势，不得不答应放人。

1897 年 11 月 14 日，梁启超来到长沙。在梁启超刚到长沙的时候，他受到湖南各界的热烈欢迎。当天，湖南巡抚陈宝箴的公子陈三立、湖南学政江标、湖南按察使黄遵宪、时务学堂代总教习皮锡瑞，以及湖南官绅、社会名流邹代钧、熊希龄、唐才常等人前往迎接，学堂的全体师生更是齐集学堂门前，燃放鞭炮表示热烈的欢迎。第二天，又在湘春门内左文襄公祠设宴为梁启超一行洗尘。此后几天，梁启超的住处每天都宾客盈门。湖南文坛名人和乡绅领袖王先谦在梁启超刚到时，也发自内心感到高兴，对梁启超非常尊敬。曾专门张宴唱戏，表示欢迎。因为仰慕梁启超的名声，有四千多个年轻人去长沙报名参加入学考试，结果只有四十人被录取，竞争非常激烈。

1897 年 11 月 29 日，时务学堂正式开学。梁启超工作非常努力，他每天授课四小时，还要批改学生的课卷，每个卷子都写上批语，经常彻夜不眠，由于工作很投入，他终于累病了。1898 年 2 月，谭嗣同去时务学堂看望梁启超。谭嗣同走进他的住房，只见梁启超虽然很消瘦，但精神却很好。梁启超说服药的效果不错，很快会恢复健康。梁启超说学堂的教学任务很重，需要增加教习。谭嗣同推荐了唐才常和杨毓麟，梁启超表示同意。3 月，梁启超去上海看病，学堂聘请了唐才常和杨毓麟做中文的分教习。

在学堂里，梁启超翻译书稿，撰写文章，激励士民爱国之心，培育实用的才干。在讲学过程中，梁启超宣传康有为的理论，宣传维新思想，培养维新人才。自立军领袖唐才常等庚子六君子，著名爱国将领蔡锷等人都是梁启超的学生。梁启超向学生宣传排满的激进思想，他们秘密重印和散发禁书——黄宗羲的《明夷待访录》。1897年冬天，德国强占胶州后，梁启超对清廷十分不满和愤慨，他向湖南的巡抚陈宝箴提议，如果有必要，湖南应该宣布脱离北京的中央政府。那个时候，维新变法已经渐渐成为时尚。在谭嗣同、唐才常等人的倡导下，在巡抚陈宝箴父子及署理臬司黄遵宪、学使徐仁铸等人的努力下，湖南成立了南学会、时务学堂和《湘学报》。这时，梁启超的名声已经和康有为并驾齐驱了。

梁启超后来在演讲中谈起过这段生活：

……我不是湖南人，更不是湘省教育会中人，但我常觉梁启超的名字与湖南教育界有关系，在湖南同胞，或者也有同样的感想。所以，我很愿意把从前在湖南所办的教育事业与诸君谈谈。

时务学堂在全国占先进的地位。

我来湖南办时务学堂，在二十五年以前，我才满二十四岁，当时中国的教育状况，只有北京同文馆、广东的广东方言馆，是专造翻译人才的，要想学洋鬼话翻译的才去入学，否则是不入这种学堂的。我现在每每回想到此，觉得太奇，但那时却视为天经地义。而那时的学生，除要学洋话外，还要求学问的，即是湖南的时务学堂。所以时务学堂不仅在湖南占先进的地位，即在全国也占先进的地位。

以现在的教育原理和方法来看，那时的教育极幼稚、极可笑，而如时务学堂，只分中文、西文两部，中文部设经史等课，西文部设格算等课，所谓时务学堂以为是教时务的学术的学堂。校址即在现在小东街的泰豫旅馆，第一班学生四十名，寄宿讲演都在其内，我是总教习，当时时务学堂的大概情形，就是如此。

不过，我觉得于湖南教育，而且于全国教育界有莫大影响的，在师弟同学间的精神，能够结合一气，一群人都有浓厚的兴味，联合各方面来做事。

当时湖南的抚台是陈右铭先生（即陈宝箴），他是曾文正（曾国藩）的门生，当代的大理学家，专讲宋学的古文，气象庄严而不顽固，对于时局，很热心图谋，造成一个新局面。我们，以一群青年在他的旗帜下大活动，是很高兴做事的，故朝气很大。他有一位公子陈伯严（陈三立）先生也很喜欢赞助我们，而学台系江建霞（江标）、徐仁铸，臬台系黄公度（黄遵宪），都是开明的。地方官如此，地方绅士则有熊秉三（凤凰人熊希龄）、谭复生（浏阳人谭嗣同）、皮鹿门（善化人皮锡瑞）、欧阳瓣姜诸先生。熊、谭皆系青年，而有猛进精神，皮和欧阳都是老先生。

……当时时务学堂学生四十人中，最大的是戴修礼，最少的是蔡艮寅（即松坡，就是今天葬于岳麓山之蔡锷），所讲的经是春秋《公羊传》，每天除教授这些学术外，学生须预两本札记，发表感想，隔日轮流交教师批评。我就借题发挥，宣传主义，而学生发愤求学，又很守规矩，两三月后，就得舆论赞许。王湘绮先生来考试学生《公羊传》，也颇称赞，以为读书得间，学生因在学堂天天所研究的，都是政治上的学问，所谈论的都是很新奇的理想，过了半年，皆已同化，不过在学堂时，未与外界亲近，校外的人不知内容，故不发生什么影响，及至年假放假后，学生回家发狂似的宣传起来，风声所播，全湘人皆知道了，于是目为大逆不道。有的攻击我们，有的劝诫我们，由是新旧大开战，南学会、湘报平日言论是很和平的，以此时也和社会奋斗起来了，当时王葵园、叶㚑彬皆攻击我们，作我们的劲敌。那种奋斗精神都是我所佩服的，假满开学，学生家庭就不准他们再来时务学堂，而学生与家庭奋斗，比老师与社会奋斗更烈。

　……戊戌之役，我亡命日本，时时务学堂曾办了三班，第一班四十人吃我的迷药最多，感化最深；第二班，我也教授过；第三班，我全未教过。其中有十余人，要到日本来找我，因为家庭不许，他们差不多带宗教性质的，与家奋斗，借钱逃出来。有到上海，便无钱吃饭的，有衣服破烂好像叫化子的。当他们出门时，他们不知我在日本何处，一直跑到上海，打听了我的住址，通信告我，我就想尽方法筹钱接到日本。日间尚住在一间房子，继续讲时务学堂的功课外，又学学日本文，晚间共同睡在一个大帐子内。过了八个月，唐拂尘先生在汉口图谋革命，十余同学，回汉帮助，竟不幸死难者八人。余三人，一人后来病死，一人是蔡艮寅，一即范静生。吾党元气，在这一次损伤甚大，至今思之犹觉恻心。

　回想我在湖南时的时务学堂，以形式与知识而论，远不如现在的学校，但师弟同学间精神结合联成一气，可以养成领袖人才，却比现在的学校强多了。现在的学校，表面虽好，却如做买卖的杂货店，教职工是卖货者，学生是买货者，师弟间不发生关系，造就一班水平线的人才即可，要想造就特别人才，是难能的。希望以后的湖南教育界注意现在时势的需要，采取新式的完备的办法，不要丢却了从前的精神。

戊戌变法

"公车上书"之后，维新派在大力开展立学会和办报纸宣传变法的同时，也拿出更多的精力上书皇帝，请求变法。他们把变法改革的希望寄托在皇帝身上，以为只要皇帝赞成变法，下一纸诏书，全国都实行起变法，问题就可以解决。康有为七次上书光绪皇帝，但他多次受到顽固派的阻挠。然而康有为继续上书，第六次上书终于上达皇上。康有为的多次上书终于得到了光绪皇帝的赞同。1898 年 4 月，康有为、梁启超在北京成立了由维新人士和帝党官员组成保国会，在他们的推动下，光绪皇帝于 6 月 11 日颁布诏书《定国是诏》，正式宣布变法。当时清王朝已经有二百多年的历史，到了风雨飘摇的晚期，内外矛盾极为尖锐。当朝皇帝希望通过这次变革，富国强兵，重新崛起。

在戊戌变法期间，关于新政的奏折和章程，很多都出自梁启超的手笔。这段时间，梁启超非常活跃，为变法的事业鞠躬尽瘁，显示了他卓越的宣传和组织才能。

1898 年 7 月 3 日，光绪帝召见梁启超，让他进呈所著《变法通议》，光绪看后，对此大加奖励。可惜，梁启超的满口广东方言却叫他很狼狈，皇帝费了半天劲，也听不太懂他的话，很扫兴。虽然对他的观点和才华非常满意，但因为和梁启超的交流不畅，没有重用，只赏了梁启超一个六品衔，任印书局编译。梁启超发现方言阻碍了自己的发展，于是痛下决心学习官话。李蕙仙从小在京城长大，官话非常流利，在夫人的帮助下，他的官话水平有了很大的长进。

梁启超大力宣传维新变法的思想，妻子李蕙仙非常仰慕梁启超的才华，她紧跟梁启超的步伐，夫唱妇随，开始参与办报，成为我国最早的女报人之一。1898年7月，戊戌变法期间，《女学报》在上海创刊，这是中国第一份妇女报纸。《女学报》宣传变法，提倡女学女权，倡导妇女参政。《女学报》的撰稿人和主编全都是女性。主要撰稿人有康有为的女儿康同薇、梁启超的夫人李蕙仙，她们都是中国最早的女报人，梁启超夫妇成为近代新闻史上的佳话。

李蕙仙不仅照顾梁家全家人的生活，还在精神上和梁启超进行沟通。梁启超家里的几个孩子都接受到了最好的教育，成为社会的精英，和李蕙仙对梁启超的支持有很大的关系。这个时候慷慨激昂的梁启超，也有儿女情长的一面。他在为国家的内忧外患操心的同时，也在思念家中的妻子和孩子。独自一人的时候，他因为夫人不在身边，难以入睡。看着窗外的景色，担心她的冷暖。

1898年，轰轰烈烈的戊戌变法开始后，康梁等人根据皇帝授意，发布了很多实行新政的诏书。比如设立学堂、奖励发明创造、改革财政等。但是，变法的制定者们由于缺少施政经验，在政治上很不成熟也缺乏手腕。虽然他们有热情，但却脱离现实。改革官制，废除八股，取消旗人特权等每项改革都冲击着官僚集团的自身利益。使一批守旧官僚面临失去权势的可能，因此引起了很大的震动。改革很快就引起了轩然大波，守旧官僚与维新派势不两立。他们采用各种手段破坏改革，或者造谣惑众，或者上书恫吓，极力阻挠新政的施行。

光绪皇帝开始新政改革的时候，以慈禧太后为首的守旧派也开始行动起来。光绪皇帝颁发《定国是诏》的第四天，慈禧太后就逼迫光绪皇帝连发三道上谕，罢黜军机大臣同和，凡二品以上大臣授新职，要具折到皇太后前谢恩。任命荣禄为直隶总督，统领北洋三军。

慈禧太后突然命二品以上大臣谢恩陛见，说明她要操纵用人大权，笼络上层官僚，防止光绪皇帝把维新派任命为高级官员，扼制维新派人士进入核心的权力中心。

任命亲信荣禄为直隶总督，统领北洋三军，这是守旧派部署政变的关键步骤。军机大臣同和被罢免之后，慈禧太后有意将军机大臣的职位授与亲信荣禄。但荣禄却自求北洋大臣职，他"意在揽握兵权"。这样，慈禧太后通过荣禄把兵权完全掌握在自己手中。

1898 年八九月之间，守旧派企图政变的迹象逐渐显露了，维新派只好筹划对策。康有为书生意气很浓。他们想到"围园杀后"，以为袁世凯靠得住，康有为想争取袁世凯，借用他的武力保卫新政。袁世凯为人阴险狡诈，他加入了强学会，表示拥护维新变法。但袁世凯又是荣禄的亲信将领之一。在荣禄的北洋三军中，袁世凯统率的是清军中的劲旅，所以他是军队中的实力派。维新派被袁世凯的表面迷惑了，想靠他来保护新政。康有为向光绪推荐袁世凯，请求光绪"结袁以备不测"。意思是要联络袁世凯，依靠其武力，以防备事变，指出这是解救当前危局的唯一办法。

光绪采纳了康有为的建议，连续两天召见袁世凯，授予侍郎侯补，专办练兵事宜。光绪皇帝嘱咐袁世凯："此后可与荣禄各办各事。"他的意思是为不受荣禄的节制。此时，新旧两派势力的斗争已发展到剑拔弩张的地步。维新派听说顽固派策划趁10月天津阅兵的时候发动政变，废黜光绪，于是决定孤注一掷，让谭嗣同去说服袁世凯，叫他举兵勤王杀掉荣禄，派兵包围颐和园。

1898年9月18日，谭嗣同在夜间拜访袁世凯，要袁带兵进入京城除掉顽固派。老谋深算的袁世凯听到他的计划后，发现情况不妙，表示要先回到天津除荣禄，然后再率兵入京。谭嗣同受到了蒙蔽。10日晚，袁世凯回到天津，立刻向荣禄告密，荣禄马上密报给慈禧太后。然而，荣禄还没有来得及报告，慈禧太后已经在北京发动了政变，这就是戊戌政变。慈禧太后下令逮捕维新人士，变法失败，光绪皇帝被囚。

1898年9月21日凌晨，梁启超和谭嗣同对坐床上，高谈阔论袁世凯诛杀荣禄、光绪皇帝大权独揽后，如何施展远大的政治抱负。没想到形势急转直下。一系列可怕的消息传过来，这天，慈禧连发几道谕旨，囚禁光绪，捕杀维新党人。清兵查抄南海会馆，康广仁已经被捕，接着又有人告诉他们火车停开，城里到处都是侦探，他们发现大势不好。

谭嗣同听到政变消息后并不惊慌，置自己的生死于度外，多方活动，筹谋营救光绪。光绪皇帝对谭嗣同有知遇之恩。谭嗣同在参与戊戌变法前，就因为忧国忧民、宣传救亡变革、办报讲学而名扬天下，被当时的人们称为"新政人才"。后来，光绪皇帝亲自召见，向谭嗣同表达了变革的意愿，谭嗣同非常感动，决心肝胆涂地，以死相报。光绪破格提拔了谭嗣同，赏官四品，参与新政，与杨锐、林旭、刘光第共称"军机四大臣"。所以谭嗣同想尽一切办法要营救光绪皇帝，但却没有成功。

谭嗣同是有机会逃生的，那天，谭嗣同亲自把梁启超送到了日本使馆。当梁启超要他和自己一起逃亡日本的时候，谭嗣同对梁启超说：

"不有行者，无以图将来；不有死者，无以酬圣主。"谭嗣同决心用死来殉变法的大业，以死来报答皇恩。谭嗣同把自己的书信和文稿交给梁启超，要他东渡日本避难。无论梁启超怎么苦劝也改变不了他的决心，梁启超只好独自离去。梁启超避居日本使馆之后，日本使馆方面又提出要为谭嗣同提供保护措施，但谭嗣同说："各国变法，无不从流血而成，今中国未闻有因变法而流血者，此之所以不昌者也；有之，请自嗣同始！"

24日，谭嗣同在浏阳会馆被捕。在狱中，他镇定自若，写下了这样的诗句："望门投止思张俭，忍死须臾待杜根。我自横刀向天笑，去留肝胆两昆仑"。

9月28日，谭嗣同等戊戌六君子英勇就义于北京宣武门外菜市口。他们被杀的时候，刑场上有上万的人在观看。谭嗣同神色不变，临终前，他大喊："有心杀贼，无力回天，死得其所，快哉快哉！"生于1865年的谭嗣同，死于1898年，年仅三十三岁。

1899年，谭嗣同的遗骸运回原籍，安葬在湖南浏阳城外的石山下面。墓前华表上的对联写道："亘古不磨，片石苍茫立天地；一峦挺秀，群山奔赴若波涛。"谭嗣同的著作编为《谭嗣同全集》。

戊戌变法失败的原因很多：守旧派势力强大，当时国家的最高领导权不在年轻的光绪皇帝手中，而在以慈禧太后为首的王公权臣手中。维新派只有少数几个人，维新派力量过于弱小。光绪皇帝启用一批毫无政治斗争经验的人进行变法也是个错误，他们对西方政治体制只是一知半解，对当时的国情更没有足够的认识，光绪皇帝也没有掌控全局的威望和权力。慈禧所代表的顽固派掌握实权，实力强大。当她感到变法触及到她自己的权力和利益的时候，就开始遏制和镇压。

维新派缺乏正确的理论指导和坚强的组织领导，把希望寄托于没有实权的皇帝和极少数的官僚。维新派及光绪皇帝在实施变法上操之过急，失之过重。变法大量裁减冗官，仅京师一地，涉及闲散衙门十多处，失去职务者就将近万人，但又没有给他们安排出路，必然造成动荡。失去大多数人的支持，变法何言成功？

轰轰烈烈的维新变法失败了。梁启超在《政变前记》中分析了政变的原因。他认为，"政变之总原因有二大端。其一由西太后与皇上积不相能，久蓄废立之志。其二由顽固大臣痛恨改革也。"慈禧太后与皇上长期格格不入，矛盾甚多，这是原因之一。而更重要的原因则是改革受到了顽固派的百般阻挠。新政的改革由于冲击到一部分守旧人物的既得利益，因此守旧派拼死反对，改革每前进一步都要受到重重阻力。

梁启超在《政变前记》中指出，"中国之言改革，三十年于兹矣，然而不见改革之效，而徒增其弊，何也？凡改革之事，必除旧与布新两者之用力相等，然后可有效也。苟不务除旧而言布新，其势必将旧政之积弊，悉移而纳于新政之中，而新政反增其害矣。"

虽然变法失败了，但它对后世有着深远的影响，戊戌变法作为近代中国的一次资产阶级性质的改良运动，有它进步的意义。虽然变法被慈禧太后扼杀了，但为辛亥革命打下了思想基础。

第二章

梁启超在日本

逃亡日本

梁启超的一生经历了两次惊险的逃难，都得到了日本人的大力协助。第一次是戊戌变法失败，梁启超追随康有为亡命海外；第二次是他潜赴广西组织军务院，领导护国战争，反对袁世凯复辟。

梁启超的第一次逃亡在1898年，戊戌变法失败后，梁启超已经做好流血牺牲的准备了。当他听说康有为处于危险境地的时候，就告诉日本驻华代理公使林权助，自己在三日内将要有生命危险，但并不害怕，因为早就想着为国捐躯，所以不可惜。希望林权助能帮助自己完成两件事，一件事是救光绪皇帝，一件事是救康有为。其实，老谋深算政治嗅觉敏锐的康有为在变法被终止前就感觉到了危机，留下梁启超和其他人在京城营救皇上，自己先出逃了。

林权助劝梁启超不要去死，留在这里再想别的办法。留在北京的日本前首相伊藤博文听到梁启超落难，对林权助说，梁启超是个了不起的人，让他逃到日本，到了日本后，自己可以帮助他。伊藤博文很赏识梁启超，知道他的价值。

梁启超逃往日本的过程非常惊险。那几天，北京街头非常混乱，到处都是捕人的叫喊声，梁启超在这里非常不安全。22日晚，梁启超剪掉长辫子，换上一身西装，在林权助的帮助下，逃到了日本驻天津领事馆避祸。天津是慈禧的亲信、直隶总督兼北洋大臣荣禄的地盘，这里戒备森严。领事馆的门口布满暗探，梁启超无法脱身。9月25日晚，梁启超等人在夜间偷偷离开领事馆，登上了海河边的日本船。正要开船的时候，被清朝的巡警赶上，不让该船离开。日本人强行开船，第二天早上到达塘沽，梁启超几人登上了日本军舰。那些顺着河岸骑马追击的清朝巡警不敢和日本军舰发生冲突，只好无可奈何地看着梁启超逃到军舰上。随后直隶提督聂士成赶到，要登舰抓人，被部下劝住。后来荣禄又派人和日本人交涉，被日本舰长回绝。下午日本军舰启航返回日本，梁启超终于脱离了危险。在日本人的帮助下，梁启超开始了流亡日本的生活。

1898年10月21日夜间，梁启超到达东京。在到达东京站的夜里，他们住在站前的三桥旅馆。后来，他又搬了几次家。22日，梁启超见到了徐勤、林北泉、罗孝高、郑晟礼、毕永年。徐勤是康有为派出的横滨大同学校的负责人；林北泉是横滨有实力的华侨；罗孝高是康有为的弟子，在日本留学；毕永年是在政变发生后才去的日本，他们都是维新派的人。12月10日，梁启超给夫人的书信中写到，这段时间的生活费由"日本国家"供给，不久后，还会有杂志《清议报》发行的收入。

作为在政变中幸免于难的维新派人士，梁启超在东京安顿下来后，便开始了营救皇帝的活动。康有为在10月26日也来到了东京，照料他在东京生活的是柏原文太郎。柏原对康有为照顾得非常周到热情，康有为非常感激。康有为到达日本后，着手进行的营救皇帝活动是撰写和宣传"奉诏求救文"。这个奉皇帝密诏寻求援助的小册子，里面收录了很多伪造的史料。11月12日，近卫与康有为会面。当康有为谈到政变造成皇帝改革失败，提出营救皇帝的愿望时，近卫提到前些天已经通过梁启超的书信了解了政变的大概，并说道："今春以来，余接到贵国皇帝大招才俊，实行各项改革之消息，心下亦喜亦忧。为何喜？当然是为贵国迈向开明进步而喜。为何忧？乃惟恐改革失于激进，化为泡影。"

近卫认为失败是因为做法不对，并一再表明日本的维新也经历了多年的曲折，清国的维新"希望未来也以前车为鉴，采取渐进的方针"。对于康有为提出恢复帝位的请求，近卫没有给予正面的回答。

梁启超向日本政界上层发出的营救请求并没有取得预期的成果，于是，他就广泛地诉诸舆论，开展宣传工作，和日本报人沟通，同时向东亚同文会机关杂志《东亚时论》投稿。东亚同文会是东亚会与同文会合并后，在1898年11月2日成立于东京的组织。这个组织一直到第二次世界大战结束，都是日本"亚洲主义"团体的中枢。东亚同文会通过的"发会决议"有四条内容：（1）保全中国；（2）帮助改善中国；（3）研究时事，以期实行；（4）唤起国论。

对慈禧太后来说，康有为和梁启超等人逃亡海外是叛逆行为。驻日公使李盛铎接到对康梁二人就地处决的密令。1899年7月，朝廷又派密使刘学询等人前往日本，目的就是要处决梁启超。近卫对梁启超进行忠告，允许他在日本居住，但不能进行活动，限制他们在舆论机构公开发表意见。梁启超在日本的活动受到了日清两国政治外交关系的极大限制。

　　清政府曾要求日本政府将康梁二人遣返回国，遭到拒绝后，便要求将他们放逐海外。日本外务省开始的计划是让康梁二人一起离开日本。担当此任的是精通中文的书记官栖原陈政。1898 年 12 月 22 日，栖原与梁启超见面，以日本非常危险为理由，劝说梁启超去美国。给他三千日元旅费，如果不够，再给多少钱都行，但梁启超断然拒绝。后来，栖原多次拜访梁启超，他一概谢绝。最后，犬养毅出面调解才达成协议。只是将康有为一个人送走，给他七千日元作为旅费。

　　1900 年 1 月 19 日，近卫把梁启超叫到家中，谈论康有为的事。近卫说康有为在日本妨碍了中日两国之间的交往，他本人的志向也难以达成。另外康有为对门生不民主，发生过几次纠纷。建议康有为游历欧美，希望梁启超和自己一样劝说康有为。1900 年 3 月 22 日，康有为离开日本前往加拿大的温哥华。

《清议报》

　　梁启超在 1898 年 10 月 16 日逃亡到达日本东京后，11 月就开始筹议办报，得到华侨的大力支持。在 1898 年 12 月 23 日，梁启超等维新人士在日本横滨创办了《清议报》。办报的经费由旅日侨商冯镜如、冯紫珊、林北泉等人募集而来，梁启超是实际主持者，麦孟华和欧榘甲辅助。梁启超为这个报纸撰写了三十多篇论说文和大量的诗文。

　　这个刊物的形式与《时务报》有很多相似的地方，但编辑水平比《时务报》高很多。其中的"国闻短评"栏目是中文报刊上最早的时事短评专栏。《清议报》的宗旨是"主持清议、开发民智"，痛斥逆后贼臣，歌颂光绪皇帝的圣德，同时大力宣传维新思想。热烈倡导民权，用"哲理"启迪国民。1901 年 12 月，报馆遭遇火灾，《清议报》就停刊了。从发行到停刊一共三年的时间，共出版一百册。

　　1898 年 12 月 23 日，《清议报》第一期出版发行。这份报纸是旬刊，每十天出一期，每月三册。每册零售一角五分，如果订阅，全年订阅费是四元。

《清议报》有一百册，它的主要内容是攻击清政府，提倡破坏主义，力倡民权自由。虽然梁启超身在海外，但他对国内的政局非常关心。梁启超在文章中抨击清政府，指出清政府像不能开花结果的枯木，像不能育卵的雄鸡，像不能成饭的蒸沙。梁启超把丧权辱国的清政府指责为伪政府。这个伪政府，不抗击外国侵略，却练兵来对付国民。清政府把兴办海军的经费，移作修建颐和园工程之用；把千余里的辽东半岛和台湾割让给别的国家，还赔偿了二万万两白银，开启了列强的侵略野心，加速了国家的危亡。清政府骄奢淫逸，不理民众死活，是一个腐败无能、丧权辱国的政府。当八国联军进逼北京时，清政府的做法，使梁启超再也无法忍受，公开宣布与清政府誓不两立。他认为今日中国的病根是慈禧太后政府，这个政府是中国人的公共仇敌，只有将这条病根拔去，中国才能得到安宁。

梁启超在文章中写道："饮冰子曰：甚矣，破坏主义之不可以已也！譬如，要在满地瓦砾的地方建房子，必须先将瓦砾铲除，才能施工。又如医治患有痞疳病的人，在进补之前，必须给予大黄、芒硝等重泻之药，然后才吃人参、茯苓等补药，方能奏效，否则，只能加速他的死亡。再看近代各国的兴旺发达，没有不经过破坏阶段的。这个破坏阶段，是无法逃避的。若对旧东西有所顾恋、有所爱惜，则最终无法成功。人之常情，容易恋旧，这种恋旧的性质，是阻塞进步的一大根本原因。只有大刀阔斧，用快刀断乱麻的办法，使万千蠕蠕恋旧之徒瞠目结舌，尽丧其根据之地，想恋而无可恋，然后引导他们走上进步的道路，才能获得成功。"

《清议报》发行三年，影响甚广。它是维新派在日本早期反对清政府的言论机构。梁启超在《清议报》中大张旗鼓地攻击清政府，用词非常激烈。《清议报》在日本出版，用的是汉字，以国内的读者作为主要的对象。

清政府严禁报纸在国内销售，梁启超便把报纸从日本运到中国的租界，然后从租借秘密地运到其他各省。梁启超在《清议报》上刊登的文章，已经开始用"饮冰室主人"作为笔名了。 虽然清政府下令严禁出售《清议报》，但这个报纸在国内依旧流传很广。报纸在国内的销量有四千多份，读者大约有四万人。由于梁启超的文章非常精彩，很多以前认为康有为和梁启超的思想是离经叛道的读者，被他的文章打动，慢慢地接受了梁启超的思想，反过来和他一起攻击清政府。

《清议报》的报馆在光绪二十五年九月被大火烧毁过一次，光绪二十七年十一月，也是报纸出版完第一百册的第二天，又被大火彻底烧毁了。有人说是因为这个报纸对慈禧太后激烈攻击，引起她的愤恨，派刘学洵带着十万金去日本捉拿康有为和梁启超。因为没有抓到他们，便花钱雇人一把火烧毁了报馆。梁启超看报馆被烧毁了，便停办了报纸，准备另外发行新的报纸。于是，《清议报》在出版一百册后宣布停刊，那天梁启超等人举行了百号纪念庆典。报纸停刊两年后，还有人想着把旧报纸翻印一下，但张之洞则严禁翻印。

梁启超在《清议报》上发表了很多文章，其中《少年中国说》是梁启超的代表作之一。梁启超发明了一种介于古文与白话文之间的新文体，这种文体被称为"新民体"。由于百姓和士子都乐于接受，"新民体"传播很广。用这种文体，二十七岁的梁启超在 1900 年 2 月写下感人至深的《少年中国说》，那个时候，国家由于帝国主义的侵略，爆发了义和团爱国运动。帝国主义联合起来组成了八国联军，勾结清政府，残酷地镇压义和团运动，攻陷了天津和北京等地。当时八国联军制造舆论，污蔑中国是东亚病夫，是暮气沉沉的老大帝国，就像一盘散沙，只能任由列强瓜分。有一些丧失信心、崇洋媚外的人，散布悲观情绪，说任何列强三日内就可以灭亡中国，民族危机空前严重，慈禧太后统治的国家腐朽落后，国家处于风雨飘摇之际。为了驳斥帝国主义的无耻言论，也为了改变国内一些人的奴性心理，唤起国民的爱国热情，激起民族的自尊心和自信心，梁启超写了这篇文章发表在《清议报》上。它被公认为梁启超著作中最积极、最富有情感色彩的篇章，也是梁启超的代表作。这篇政论文，影响很大。作者在文中将古老的中国与他心中少年的中国作了鲜明的对比，赞扬少年勇于改革的精神，鼓励人们肩负起建设少年中国的重任，表达了作者希望国家繁荣富强的愿望和积极进取的精神。

《少年中国说》，读起来叫人热血沸腾：

日本人之称我中国也，一则曰老大帝国，再则曰老大帝国。是语也，盖袭译欧西人之言也。呜呼！我中国其果老大矣乎？梁启超曰：恶！是何言！是何言！吾心目中有一少年中国在。欲言国之老少，请先言人之老少。老年人常思既往，少年人常思将来。惟思既往也，故生留恋心；惟思将来也，故生希望心。惟留恋也，故保守；惟希望也，故进取。惟保守也，故永旧；惟进取也，故日新。惟思既往也，事事皆其所已经者，故惟知照例；惟思将来也，事事皆其所未经者，故常敢破格。老年人常多忧虑，少年人常好行乐。惟多忧也，故灰心；惟行乐也，故盛气。惟灰心也，故怯懦；惟盛气也，故豪壮。惟怯懦也，故苟且；惟豪壮也，故冒险。惟苟且也，故能灭世界；惟冒险也，故能造世界。老年人常厌事，少年人常喜事。惟厌事也，故常觉一切事无可为者；惟好事也，故常觉一切事无不可为者。老年人如夕照，少年人如朝阳。老年人如瘠牛，少年人如乳虎。此老年与少年性格不同之大略也。梁启超曰：人固有之，国亦宜然。

造成今日之老大中国者，则中国老朽之冤业也；制出将来之少年中国者，则中国少年之责任也。故今日之责任，不在他人，而全在我少年。少年智则国智，少年富则国富，少年强则国强，少年独立则国独立，少年自由则国自由，少年进步则国进步，少年胜于欧洲，则国胜于欧洲，少年雄于地球，则国雄于地球。红日初升，其道大光；河出伏流，一泻汪洋；潜龙腾渊，鳞爪飞扬；乳虎啸谷，百兽震惶；鹰隼试翼，风尘翕张；奇花初胎，矞矞皇皇；干将发硎，有作其芒；天戴其苍，地履其黄；纵有千古，横有八荒，前途似海，来日方长。美哉，我少年中国，与天不老；壮哉，我中国少年，与国无疆！

黄遵宪极为推崇梁启超的"新民体"，称它是"惊心动魄，一字千金，人人笔下所无，却为人人意中所有，虽铁石人亦应感动"。梁启超写文章善于运用"拿来主义"的办法，直接将日文的汉字词语，比如"政治""经济""哲学""民主"等词引入中国，丰富了汉语的词汇。梁启超还创造了一个新词——中华民族。

这个时候他经常给夫人李仙蕙写信，探听家人的安危。他非常担心父母的身体，让夫人代他尽儿子的职责，给父母一些安慰和解脱。他为妻兄李端棻因为自己的缘故受到牵连，被远远地发配新疆表示愧疚，担心此行他的人身是否安全。但他的救国决心丝毫没有任何改变，梁启超在给妻子李蕙仙的信中说："我辈出而为国效力，以大义论之，所谓匈奴未灭，何以家为？"

李蕙仙意志坚强，虽然她独自一人在澳门的时候日子过得很孤寂、愁闷，但当她知道梁启超要游历美洲，决定暂缓接全家去日本的时候，深明大义支持梁启超的行为。梁启超在政治上，尤其在学术上的巨大成就，和这位贤能的李夫人是分不开的。梁启超在《壮别》诗中写道："丈夫有壮别，不作儿女颜。风尘孤剑在，湖海一身单。天下正多事，年华殊未阑。高楼一挥手，来去我何难。"

　　梁启超流亡海外后，慈禧派人去日本抓人，又派人去梁启超的家里抓铺梁启超的亲属，铲除梁家的祖坟，多亏李蕙仙把一家老老少少都转移到安全的地方，才避免了危险。梁启超非常感谢她，给她写信这样说："大人（指梁爹）遭此变惊，必增抑郁，惟赖卿善为慰解，代我曲尽子职而已，卿素知大义，此无待余之言，惟望南天叩托而已。"信中，梁启超把李惠仙称为患难之交，而不是一般的眷属。因为她完全理解梁启超的追求和理想，而且坚定地支持，这让梁启超非常敬重。

　　变法失败后，梁启超受到朝廷通缉，性命攸关，他逃到日本后。李蕙仙和梁思顺在上海，受到英国使馆的庇护才得以脱险。梁思顺和父母一起经历了变法的危险。1899年的秋天，李蕙仙带着孩子和父亲梁宝瑛一起坐船来到日本团聚。一起来到日本的还有很多亲戚和孩子，有梁家的亲戚，也有自己家的亲戚。因为变法，堂哥李端棻被充军新疆，李家和梁家两家人都因为变法而被搞得家破人亡，全家人久别重逢后，梁启超非常激动。

王桂荃

在日本的十多年时间里，梁启超一家人的生活比较稳定。虽然搬过几次家，但在朋友的资助下，得到了神户郊外的一幢别墅居住，全家因此有了稳定的住所。这个别墅非常优雅别致，前面是大海，背后是山林。海涛和松涛一齐奏鸣，犹如一曲雄浑的交响乐在演奏。梁启超称它是"双涛园"。这时候，梁启超的经济有些紧张，但家庭生活却非常幸福，夫妻恩爱，孩子天真烂漫，家庭和睦。李夫人的贤能，使梁启超能够全力以赴地工作，没有后顾之忧，他从来不为家事操心。梁启超曾说过：结婚以后，常受夫人之策励和帮助。年轻时无钱买书，夫人便将陪嫁的首饰变卖之后给了他。中年时，屡遇艰险，夫人以大义鼓励他的勇气。当袁世凯复辟帝制时，梁启超要秘密去西南，与蔡锷等组织护国军讨袁，深夜与夫人诀别的时候，深明大义的李夫人非常支持，她慷慨激昂地说："上自高堂，下逮儿女，我一身任之，君但为国死，无反顾也。"寥寥数语，感动得梁启超热泪盈眶。

人的性格都是互补的，在梁家，梁启超是一位慈父，李蕙仙就是一位严母，她主持家政，仆人和孩子们都很尊敬她。李蕙仙对孩子、对仆人要求严格，梁启超也让她几分，当时就有梁启超惧内的传言。但两人之间的感情却是非常真挚的。梁启超认为她是一位不可多得的良友，对她尊敬有加。梁启超在给李蕙仙的信中说：他们的结合是"美满姻缘，百年恩爱"。

梁启超非常重视对子女的教育。梁思顺六岁到日本，从1899年一直到1913年，她在日本生活了十多年。梁思顺刚开始去日本的时候，没有联系到合适的学校，梁启超便亲自教她读书。梁思顺在日本上学后，家里的经济条好了很多，为了培养孩子，梁启超在家里给她建了一座实验室。由于一直在日本上学，梁思顺的日语就像母语一样纯正。梁思顺的生活条件优越。父母疼爱，接受到良好的教育，所以有了开阔的视野。因为父母的宠爱和长女的身份，她的个性强势，也有主张，在家里很有话语权。

梁启超非常喜欢梁思顺，虽然后来梁启超有了很多孩子，但他一直偏爱梁思顺。梁启超是个社会活动家，经常去各地考察，在华侨团体中宣传改良思想。梁思顺十六岁的时候，梁启超就带着她一起外出游历，在那个时代，梁启超对梁思顺非常期待，他希望梁思顺能有更好的发展。梁思顺也经常帮父亲收集资料，翻译文件，成了他的工作助手。

1911年，辛亥革命前夕，梁启超出门远行，他的家书直接写给女儿梁思顺，后来，他一直保持这个习惯。无论是对家人的操心、对自身的情况，还是自己在政界的活动和感受都对梁思顺仔细地说，把她当作精神知己。梁思顺精心保存了父亲的许多信件，后来成为《梁启超年谱长编》的重要素材。

1924年9月13日，李蕙仙病逝，李端蕙的去世叫梁启超悲痛万分，梁启超说："我的夫人从灯节起卧病半年，到中秋日奄然化去，她的病极人间未有之痛苦，自初发时医生便已宣告不治，半年以来，耳所触的，只有病人的呻吟，目所接的，只有儿女的涕泪。丧事初了，爱子远行，中间还夹着群盗相噬，变乱如麻，风雪蔽天，生人道尽，孑然独坐，几不知人间何世……平日意态活泼兴会淋漓的我，这回也嗒然气尽了。"

　　1925 年 10 月 3 日，李慧仙下葬于香山卧佛寺东边的梁家墓园，梁启超率当时在国内的五位子女、王桂荃和亲友一百五六十人，于上午七点半，在墓前举行了庄重的葬礼。其中有一项重要的仪式就是由梁启超宣读祭文。

　　祭文的题目是《亡妻李夫人葬毕告墓文》，也称作《祭梁夫人文》。文曰："我德有阙，君实匡之；我生多难，君扶将之；我有疑事，君榷君商；我有赏心，君写君藏；我有幽忧，君噢使康；我劳于外，君煦使忘；我唱君和，我揄君扬；今我失君，只影彷徨。"梁启超说："我昨日用一日之力，做成一篇告墓祭文，把我一年多蕴积的哀痛，尽情发露。"平时一向写文思如泉涌的梁启超，写这篇文章的时候，却用了一天的时间，然后 "慢慢吟哦改削，又经两天才完成"。梁启超在葬礼结束后写给几个孩子的信中说："我的祭文也算我一生好文章之一了。情感之文极难工，非到情感剧烈到沸点时，不能表现它（文章）的生命，但到沸点时又往往不能作文。即如去年初遭丧时，我便一个字也写不出来。这篇祭文，我作了一天，慢慢吟哦改削，又经两天才完成。虽然还有改削的余地，但大体已很好了。其中有几段，音节也极美，你们姊弟和徽音都不妨熟诵，可以增长性情。"他的这篇祭文最后表达了感情永远不变的愿望："郁郁兮佳城，融融兮隧道，我虚兮其左，君宅兮其右。海枯兮石烂，天荒兮地老，君须我兮山之阿！行将与君兮于此长相守。"

　　梁启超的第二位夫人姓王，她没有大名，梁启超给她取名。王桂荃她的老家在四川广元，出身于贫苦农民家庭，儿时的生活非常不幸。家中只有几亩薄田，勉强糊口。她从小没了母亲，后母又虐待她。四岁的时候，父亲也因病身亡。孤苦无依的她被人贩子买去，很短的时间被转卖了四次，最后被李蕙仙的娘家买去。1894 年，李蕙仙回娘家探亲，见她很讨人喜欢，便把她带回自己的家里做仆人。

1903 年，她成了梁启超的侧室，因为梁启超是晚清名人、社会活动家，他和谭嗣同兴办了"一夫一妻国际会"，梁启超不能食言。所以，梁启超对这件事尽量讳避。连小妾的名分，梁启超都无法给她。梁启超在文章中提到李蕙仙，都说"我的夫人"，但对于王桂荃，梁启超却不这么称呼。梁启超在信中提到王桂荃时，称她为"王姑娘""三姨""来喜"。在 1924 年，李蕙仙病重，王桂荃怀上小儿子梁思礼。在王桂荃马上就要生孩子的时候，梁启超给塞季常写了一封信，第一次用"小妾"称呼她。在梁启超那个时代，原配和小妾的社会地位、家庭地位、经济地位，有着明确而严格的分界线。但王桂荃却无怨无尤，在为他生下了很多孩子后，她依然没有向梁启超讨要名分，可见她对梁启超的感情真挚。虽然王桂荃没有名分，但谁也不能否认，她是梁家中重要的一位成员。

王桂荃聪明勤快，性格开朗，深得梁启超和李蕙仙的喜爱，家中各项事务都由她掌管。王桂荃是个极为聪明的人，也许是因为环境的影响，她很爱学习，梁启超教她读书写字，她的天资很好，很快就学会了。后来读书、看报、写信她都会了。梁家孩子个个优秀，和王桂荃的天资聪明、好学上进有很大的关系。梁启超流亡日本的时候，李蕙仙把王桂荃也带到日本。她很快就学会了规范的东京话，能顺利地和外界进行沟通交流。她想方设法让孩子们多读书，总是用温和朴素的话教育他们。"成龙上天，成蛇钻草，你们看哪样好？不怕笨，就怕懒。看你爹很有学问，还不停地读书。"

时势造英雄——李鸿章

1901 年，七十八岁的李鸿章在签订《辛丑条约》两个月后离世。两个月后，梁启超写完了李鸿章的传记。那一年，梁启超二十九岁，因为维新，他被清朝通缉而流亡日本。

梁启超为李鸿章写传记，并不是因为政见相同，也不是因为两人之间的关系密切。梁启超说自己与李鸿章"于政治上为公敌，其私交亦泛泛不深，必非有心为之作冤词也"。梁启超与李鸿章并不是一路人，梁启超是维新派领袖，李鸿章是洋务运动的首领，两人在政见上完全不同，更没有什么私交。梁启超说李鸿章的思想老旧不识时务，但梁启超对李鸿章的评价很高，认为"李鸿章必为数千年中国历史上一人物，无可疑也；李鸿章必为 19 世纪世界史上一人物，无可疑也。"梁启超说，四十年来，中国的大事，几乎都和李鸿章有关系。从他的身上可以看到一个民族的四十年，所以梁启超说他是"中国近四十年第一流紧要人物"。

李鸿章的起点不高，从刀笔小吏走入官场，他平发捻、办洋务、创海军、主外交，位极人臣，权倾一时，其见识才具。在当时，他的能力见识确实远远地超出同僚。但看李鸿章一生的功业，论武功，内战内行外战外行；论洋务，知其然而不知其所以然；论外交，则丧权辱国莫此为甚。总之，李鸿章输在其背后的专制政治体制。

传记从李鸿章的早年落拓开始写起，一直写到他镇压太平天国，创办洋务运动，使他声望达到了顶点。然后又写到甲午战争击碎了他的强国梦，个人的声誉由盛到衰，最后在列强主导的外交舞台上周旋，一直到他死去。

在书中，梁启超说："吾敬李鸿章之才，吾惜李鸿章之识，吾悲李鸿章之遇"，梁启超悲李鸿章，其实也是在悲自己。从某种意义上讲，维新运动是洋务运动的继续，两者有着传承关系，洋务运动属于经济改革，维新运动属于政治改革，在当时的社会环境下，两者的失败都有其历史必然性。

梁启超佩服李鸿章的才华，却叹息李鸿章空有大才生在了错误的年代，人们将战争的失败归结在李鸿章的身上，但他们却没有想到，如果没有李鸿章建立的北洋海军和淮军，列强早就吞并中国了。甲午战争失败的时候，李鸿章已经七十二岁高龄了，面对国内和朝廷上的各种指责，他仍旧独自支撑着残局，出面负责议和与谈判的事。不幸的是，他又人被刺伤，在这样的情况下，他还能从容应对，完成朝廷的任务，在与日本谈判时省了一亿两白银。八国联军的时候，他将近八十岁了，还在为国事而奔走。为了国家，李鸿章做到了鞠躬尽瘁，死而后已。

梁启超问道："谓李鸿章真知洋务乎？何以他国以洋务兴，而吾国以洋务衰也？"梁启超认为："李鸿章实不知国务之人也。不知国家之为何物、不知国家与政府有若何之关系、不知政府与人民有若何之权限、不知大臣当尽之责任。其于西国所以富强之原，茫乎未有闻焉，以为吾中国之政教文物风俗，无一不优于他国，所不及者惟枪耳炮耳船耳铁路耳机器耳，吾但学此，而洋务之能事毕矣。此近日举国谈时务者所异口同声，而李鸿章实此一派中三十年前之先辈也。是所谓无盐效西子之颦，邯郸学武陵之步，其适形其丑，终无所得也，固宜。"

虽然如此，梁启超认为："李鸿章之识，固有远过于寻常人者矣"，"李鸿章固知今日为三千年来一大变局，固知狃于目前之不可以苟安，固尝有意于求后千百年安内制外之方，固知古方不以医新症，固知非变法维新，则战守皆不足恃，固知畛域不化，故习不除，则事无一可成，甚乃知日后乏才，且有甚于今日，以中国之大，而永无自强自立之时"。

梁启超看出李鸿章的局限性："殊不知今日世界之竞争，不在国家而在国民，殊不知泰西诸国所以能化畛域除故习布新宪致富强者，其机恒发自下而非发自上"。他批评李鸿章"不学无术"，没有利用自己的地位和影响力，去推动历史的潮流。

梁启超认为李鸿章是一个英雄，但是英雄又分为两种，第一种是创造时势的英雄，第二种是时势造就的英雄。梁启超叹李鸿章属于后者，他是晚清战乱和变革时期历史造就的英雄。李鸿章顺应时代的变化，所以被推上了历史的风口浪尖，李鸿章完成了他的历史使命，但他却无法改变时代，这是他的局限性。

梁启超说，李鸿章不能成为非常英雄的原因，可以用"不学无术"来概括："李鸿章不识国民之原理，不通世界之大势，不知政治之本原，当此 19 世纪竞争进化之世，而惟弥缝补苴，偷一时之安，不务扩养国民实力、置其国于威德完盛之域，而仅撷拾泰西皮毛，汲流忘源，遂乃自足，更挟小智小术，欲与地球著名之大政治家相角，让其大者，而争其小者，非不尽瘁，庸有济乎？孟子曰：放饭流歠，而问无齿决，此之谓不知务。殆谓是矣。李鸿章晚年之著著失败，皆由于是。"

梁启超说："凡是一个国家的当今社会现象，一定与这个国家此前的历史有联系，所以此前历史是当代社会现象出现的原因，而当代社会现象是历史发展的结果"。

总之，李鸿章的失败也是晚清政府的失败，是晚清政府不了解当时世界的大势、不懂得民主政治的必然结局。

亦师亦友黄遵宪

梁启超一生结交了很多人，但能够对他有巨大影响的人却不多，黄尊宪是其中的一个。他是梁启超的师长，也是梁启超的朋友。黄遵宪是晚清较早走向世界、睁眼看世界的人物之一。黄遵宪在官场的经验很丰富。二十九岁那年，他考中顺天乡试举人，1977 年秋，黄遵宪以参赞身份随首任出使日本国大臣何如璋前往东京。到日本后，黄遵宪立即感到日本明治维新后发生了根本性变化，这个时候的日本，已经不是中国传统所蔑视的"岛夷"了，但国人对此却一无所知。黄遵宪发现日本对中国的了解，比中国对日本的了解多得多。于是，他有了写《日本国志》的想法。从 1878 年开始，在公务之余，他把大部分时间都用来广泛接触日本社会各界，搜集资料，研究日的政治、社会、历史，尤其是研究明治维新以来的变化。黄遵宪惊叹日本"进步之速，为古今万国所未有"，"乃信其改从西法，革故取新，卓然能自树立"。他详细记述了明治维新的过程，反复强调维新的重要举措是宣传民权学说，认为"庶人议政，倡国会为共和"是日本转向强盛的关键之处。

日本的经验使他相信"万国强由变法通"，黄遵宪希望中国也学习日本实行变法。1882 年，黄遵宪完成了《日本国志》初稿，被调往美国，担任驻美国旧金山总领事，在美国期间，黄遵宪仍继续撰写《日本国志》。后来，他对官场失望，于是告假回乡，专心写作，终于在 1887 年夏天完成书稿。写完后，黄遵宪就一直在想方设法出版此书，但却没有人意识到这本的价值，因此始终不能获得出版。1895 年秋冬，中国在甲午战争中惨败于一向轻视的日本，国内群情激愤，痛心疾首。这个时候，广州民间书局羊城富文斋印行了黄遵宪的这本《日本国志》。这本书一出版便洛阳纸贵，风行天下。人们发现，这部中国近代第一部深入系统地研究日本的著作，在八年前就已经写成，然而却未能出版。曾有人指责黄尊宪：如果此书早就出版，国人了解日本，主战派大臣就不会轻易言战，于是战争赔款"偿银两万万可省矣"。甲午失败，《日本国志》出版，黄遵宪的意义才被发现，日本成为了中国维新的榜样。

1896 年 3 月，梁启超去上海，结识了黄遵宪。这一年梁启超二十四岁，黄遵宪四十九岁。虽然年龄相差很多，但他们一见如故，因为共同的理想和主张结为忘年之交，他们之间非常容易沟通，在梁启超和黄遵宪的交往中，两人一直都是知音。

后来，梁启超抛家舍业流亡日本，非常艰苦，但在思想上却发生了巨大的变化，可以直接接触到西方最先进的思想。在日本流亡期间，梁启超办起了《清议报》和《新民丛报》，也认识了孙中山。梁启超在上海办报纸的时候，就听说过孙中山的革命活动。到了日本后，梁启超结识的朋友，日本宪政党的党魁犬养毅是梁启超和孙中山共同的朋友，于是，犬养毅出面，邀请了他们在自己的寓所见面。梁启超见了孙中山，对他的言论非常推崇，两人有种相见恨晚的感觉。

当时孙中山为了实现推翻清政府的理想，发动了多次起义。起义失败后，孙中山辗转到了日本，陈少白也一同前往。不久，戊戌变法失败后康有为和梁启超也到了日本。孙中山想和他们合作，但康有为却回绝了。在日本，孙中山的革命共和思想，比康有为和梁启超的维新思想更说服力，也更有可行性，因此，孙中山在日本华人中的影响越来越大，而以康有为为代表的保皇派的影响力越来越小。看到这种情况，康有为就派梁启超去拉拢孙中山商量合作的事。

梁启超要求孙中山放弃原来的主张加入他们的团体，还摆出香案拿出所谓光绪的衣带诏，要孙中山等人叩拜。孙中山一口回绝，梁启超不让他们走，旁边的陈少白很生气，抓住梁启超的衣领，轮起左臂，给他一记耳光，他下手很重，梁启超差点摔倒。陈少白骂道："我乃堂堂炎黄子孙，岂做奴才拜此小丑，尔辈甘为满洲奴者，可鄙！"梁启超看见他的态度很坚决，就不再阻拦。

不久，梁启超又和孙中山共商组党之事。1899年春，康有为离开日本，梁启超和孙中山接触更加频繁。梁启超对孙中山的思想很认同。1899年，梁启超召集齐十二个同门师兄弟，准备在镰仓江之岛结义，谋求革命反清。他们联合孙中山，两派合作成立组织。大家推举孙中山为会长，梁启超为副会长。康有为听到这个消息后，非常生气。自己最得意的门生梁启超跟孙中山走得非常近，一个会长，一个副会长，都快合成一派了，自己不是就被架空了吗？康有为很看不起孙中山，他马上给梁启超打电话叫他离开日本，去檀香山组织保皇会。

接到老师的电话，梁启超立刻就去了檀香山。看着梁启超起身要走，孙中山便写信介绍他认识自己的大哥孙眉，因为檀香山也是兴中会的势力范围。

梁启超到美国檀香山后，受到了当地保皇派的欢迎。梁启超打出了保皇会的旗号进行筹款。那个时候，梁启超在海外有着很高的声望。他一出面，很快就筹到了十万银圆的款项。后来孙中山也到檀香山募款，结果只筹到了两千，他很不高兴。

在檀香山，梁启超对当地华侨说，他组织的保皇会，名义上是保皇，但实际上是革命。他的一席话，不但得罪了保皇派，也得罪了革命派。很多人说他是"挂羊头，卖狗肉"。没过多长时间，梁启超的态度又发生了巨大变化，彻底摒弃了用暴力革命建立共和的主张，开始转而支持开明专制的国体。思想上这个巨大的变化是因为1903年的美国之游。

在1903年，梁启超应保皇派的邀请去美国游历了一番。这次美国之行，让梁启超的思想发生了巨大的改变。戊戌变法之前，梁启超暗中向往共和；维新运动失败后，梁启超流亡海外，对共和的向往之情更常常溢于言表。梁启超曾经把美国称为"世界共和政体之祖国"。但这次到美国的所见所闻，让他很失望。美国有高楼，还有现代化的工业。但也有世纪之交的怪物——托拉斯，还有暗箱操作的"黑金政治"。在美有社会帮派林立、互相残杀的各种丑恶的现象，他也见到了纽约的贫民窟。这一切，对梁启超的触动很大。在《新大陆游记》中，梁启超写道："自由云，立宪云，共和云，如冬之葛，如夏之裘，美非不美，其如于我不适何！"他甚至说："今日中国国民，只可以受专制，不可以享共和。"

于是，梁启超决定和共和制告别。他在《政治学大家伯伦知理之学说》一文中写道："吾党之醉共和、梦共和、歌舞共和、尸祝共和，岂有他哉，为幸福耳，为自由耳。而熟意稽之历史，乃将不得幸福而得乱亡；征诸理论，乃将不得自由而得专制。然则吾于共和何求哉，何乐哉！"

信仰崩溃的梁启超写道："呜呼痛哉！吾十年来所醉、所梦、所歌舞、所尸祝之共和，竟绝我耶？吾与君别，吾涕滂沱。吾见吾之亲友者而或将亦与君别，吾涕滂沱。吾见吾之亲友昔为君之亲友而遂颠倒失恋不肯与君别者，吾涕滂沱。"

回国后，梁启超冷静地想道，以中国之大，国情之复杂，民众素质之低下，搞起革命来，一定是多年大乱。最终收拾动乱的人，一定是有极大能量和权术的独裁者，到底还是专制。

梁启超认为革命的公式是：革命—动乱—专制。他认为立宪的公式是：开明专制—君主立宪—民主立宪。从这以后，梁启超就走上了坚定的改良主义的道路，他利用各种渠道不遗余力地呼吁立宪。

黄遵宪看到梁启超返回日本后发表的许多文章，非常兴奋，为此高兴。他正期待梁启超有这样的转变。黄遵宪并不同意梁启超以前激进的说法，但他并没有强迫梁启超接受自己的观点，而是期待他的转变。黄遵宪在 1904 年给梁启超的信中说："公之归自美利坚而做俄罗斯之梦也，何其与仆相似也。当明治十三四年初见卢梭、孟德斯鸠之书，辄心醉其说，谓太平世必在民主国无疑也。既留美三载，乃知共和政体万不可施于今日之吾国。自是以往，守渐进主义，以立宪为归宿，至于今未改。"在信中，黄遵宪赞赏梁启超的变化。黄遵宪年轻的时候，也很仰慕卢梭和孟德斯鸠，觉得太平世一定在民主国。他在美国做领事，生活了三年。他对美国社会有了更深刻的认识。所以从美国回来后，就不再推崇卢梭或者孟德斯鸠这样的激进的思想了。

梁启超和黄遵宪之间的交往和友谊一直持续了十多年。后来，给黄遵宪的墓志铭中，梁启超写道："而所成之《日本国志》四十卷，当吾国二十年前，群未知日本之可畏，而先生此书则已言日本维新之效成则且霸，而首受其冲者为吾中国。及后而先生之言尽验，以是人尤服其先见。"

红颜知己

　　在颤香山参加当地保皇派组织的宴会上，梁启超认识了年方二十的何蕙珍。何蕙珍的父亲是美籍华人，何蕙珍出生在美国檀香山，从小接受的是全西式的教育，是新女性。她聪明好学，十六岁的时候就在学校当老师，何蕙珍的学识广博，谈吐不凡，热情大方。在宴会上，何蕙珍主动坐在梁启超的身边，充当他的英文翻译。其实，何蕙珍对梁启超仰慕已久，她读过梁启超的文章，熟悉他的文笔，被他的才华打动，看见梁启超一表人才，更是爱慕。梁启超也非常欣赏何蕙珍，两人虽然是第一次见面，但就像认识很久的老朋友一样无话不谈。

　　何蕙珍英语流利，对梁启超的事业有很大的帮助，在檀香山有敌对党派，写文章对梁启超进行舆论攻击，他们用词阴险恶毒。梁启超想反驳，无奈对英文一窍不通，无法反击。这个时候，何蕙珍马上写文章，在另外一家英文报纸上为梁启超辩护。她的文章文词清丽，论述精辟，非常有思想、有见地，有力地反击了对方恶毒的言论。梁启超非常感激，对她越发敬重。

随着两人交往的深入，何蕙珍坦诚地向他说出了爱慕之情。梁启超告诉她自己已经有了妻室，她依旧表达爱慕之情，说自己非常敬爱梁启超，今生虽不能如愿，还有来生。临别时，何蕙珍说："我万分敬爱梁先生，今生或不能相伴，愿期诸来生，但得先生赐以小像，即遂心愿。"

听了这话，梁启超非常感动，他不忍心拒绝，便将自己的照片赠与了何蕙珍，何蕙珍把自己亲手织绣的精美小扇回赠给了梁启超。两人分别后，梁启超想着何蕙珍，心中颇不平静。他说："酒阑人散，终夕不能成寐，心头小鹿，忽上忽落，自顾生平二十八年，未有如此可笑之事者。"

后来两人书信往来，越发密切，感情也与日俱增。梁启超并不是不爱何蕙珍，只是他倡导男女平等一夫一妻制，李蕙仙是个难得的好妻子，他们是患难之交，梁启超不会伤她的心。所以，梁启超一再拒绝何蕙珍的感情。梁启超在深更半夜的时候，给蕙珍写了很多情诗，但却从来都没有给她看过。其中有这样一首诗：

颇愧年来负盛名，天涯到处有逢迎；

识荆说项寻常事，第一知己总让卿。

梁启超的朋友们发现了这件事，劝说他为了交际方便，可以再娶一位懂英语的夫人作为工作的助手。梁启超坚决拒绝，他说："我敬她爱她，也特别思念她，但梁某已有妻子，昔日我与谭嗣同君创办一夫一妻世界会，我不能自食其言！再说我一颗头颅早已被清廷悬以十万之赏，连妻子都聚少离多，怎么能再去连累人家一个好女子呢？"

何蕙珍只能无奈地说："先生他日维新成功后，不要忘了小妹。但有创立女子学堂之事，请来电召我，我必来。我之心唯有先生。"

梁启超是个坦荡无私的君子，他给妻子李蕙仙的信中，把自己遇到何蕙珍的事说得很清楚。聪明贤惠的李蕙仙告诉梁启超："你不是女子，可以不必从一而终，如果喜欢何蕙珍，我就告诉父亲为你做主。如果不是这样，就放下这件事，多保重身体。"

梁启超知道父亲喜欢李蕙仙，把她当亲女儿看待，绝对不会叫他再娶别人。于是，他给妻子回信：

"此事安可以禀堂上？卿必累我挨骂矣；即不挨骂，亦累老人生气。若未寄禀，请以后勿再提及可也。前信所言不过感彼诚心，余情缱绻，故为卿絮述，以一吐胸中之结耳。以理以势论之，岂能有此妄想。吾之此身，为众人所仰望，一举一动，报章登之，街巷传之，今日所为何来？君父在忧危，家国在患难，今为公事游历，而无端牵涉儿女之事，天下之人岂能谅我。其于蕙珍，亦发乎情，止乎礼义而已。"

后来，梁启超担任袁世凯政府司法总长，何蕙珍曾经来到北京，向梁启超表示和他在一起的想法，但梁启超只是在总长的客厅里设宴招待她。婉言拒绝了何蕙珍的告白。无奈之下，何蕙珍只好失望地返回了。

1924 年，李蕙仙病故，何蕙珍听到这个消息后，立刻从美国的檀香山赶到了梁启超的身边。这时梁启超已经五十岁，何蕙珍也四十四岁了。何蕙珍想着陪他度过后半生，但让她不理解的是，梁启超再一次拒绝了她。对于梁的做法，何蕙珍的表姐夫，当时担任《京报》编辑的梁秋水非常气愤。他对梁启超的薄情极为不满。说梁启超"连一顿饭也不留她"。这次是二人的最后一次见面，梁启超病逝后，为了梁启超而终身未嫁的何蕙珍不久也离去了。梁启超曾经想把何蕙珍介绍给中年丧偶的同门师弟麦孟华，但何蕙珍的心一直在梁启超身上，不能再容纳他人，于是便婉言谢绝了。

1905 年，日俄战争爆发，清政府眼看着别国在自己的土地上打仗，却只能保持"中立"，这种行为让国人愤怒。1906 年，湖南爆发了萍浏醴起义。参加这次起义的革命党，既有留日回国的学生，也有清军中的年轻军官，越来越多的青年人对政府失去了信心。

在国内的各种压力之下，慈禧太后加快了立宪的速度，朝廷派出五大臣去国外考察宪政。9 月 1 日，慈禧发布上谕，确立了实行立宪的基本国策。梁启超听到消息后非常高兴，1907 年，梁启超在东京成立了政闻社，提出"实行国会，司法独立，地方自治，慎重外交"四条主张，指导立宪派配合清政府实施立宪。但在成立大会召开的那天，陶成章带着几百个革命党人，拿着手杖跑来砸场子。梁启超还没有说几句话，张继用日语大骂："马鹿！"马鹿的汉语意思是笨蛋。他喊完之后，接着就说打，来的那些人举起手杖便动起手来。梁启超看见形势不妙，赶紧从后楼台逃走了，那些佩戴红袖章的政闻社成员都挨了打。通过这件事，梁启超发现，中国离真正的民主自由还有很长的一段路要走。梁启超立宪的决心没有动摇，派政闻社的成员回到国内四处奔走联络。

1908 年，光绪和慈禧离世后，摄政王载沣掌握了实权。在梁启超的策划下，立宪派领导民众开展了四次大规模的请愿活动，敦促政府尽快召开国会，组织责任内阁。在 1911 年 5 月，清政府组成的新内阁中，还是以皇族成员为主，违背了皇族不能充任国务大臣的立宪原则。最终，起义推翻了清王朝。此时，梁启超已经在海外流亡了十四年，他有着很高的威望。

辛亥革命后，梁启超回到国内，住在天津。

袁世凯复辟

　　1903 年，梁启超和杨度正式开始交往，他们曾经是知心朋友，杨度的两篇成名作也是梁启超编发的，但在 1916 年，因为袁世凯称帝的事，两人正式绝交。

　　杨度本名承瓒，字皙子，他于 1875 年 1 月出生，是湖南湘潭人，和梁启超的出身一样，他的祖先也是世代务农。杨度的祖父杨礼堂跟随湘军名将李续宾征战，在沙场上不幸阵亡。杨度的父亲杨懿生曾在曾国荃的营中担任过文书，后来回乡务农。杨度十岁的时候，父亲离去，他就被过继给伯父杨瑞生，伯父杨瑞生十五岁就从军了，因为立了战功，所以升到二品的总兵。

　　杨度非常聪明，天分极高。他十七岁就考上了秀才，十八岁考中了举人。后来参加会试却不顺利，一连两次都失利了。于是跟随国学大师王闿运学习。王闿运很喜欢杨度，问他："我这里有三种学问，分别是功名之学、诗文之学和帝王之学，你想学哪一种？"杨度选择学习帝王之学，他说："余诚不足为帝王师，然有王者起，必来取法，道或然与？"

王闿运擅长帝王之术，他将平生的学问传给了杨度。师徒两人的关系很密切，王闿运在诗文中常称呼杨度为"杨贤子"。后来，杨度又去湖南师范学习"新学"。1897年，梁启超担任湖南时务学堂中文总教习。第二年，杨度到长沙拜会梁启超，那一年，梁启超二十四岁，杨度二十三岁，但因为观点不同，两人没有结成深交。

1903年，清朝政府新开"经济特科"的进士考试，杨度学过"旧学"也学过"新学"，所以他的考试成绩不错，考中了一等第二名。一等的第一名是梁士诒。当时，康有为和梁启超因为新政、变法等原因，被清朝政府痛恨。

军机大臣瞿鸿禨和主考官张之洞关系很不好，为了打击张之洞，瞿鸿禨对慈禧说梁士诒是"梁头康足"。"梁头康足"来源于梁启超的姓和康有为的字。因为梁启超姓梁，康有为的字是"祖诒"。一头一尾正好是梁士诒的名字，所以，从梁士诒的名字上看，他很有新党的嫌疑，其实这是诬告。慈禧听后，非常生气，要求彻底追查考生们的来历，结果发现他和梁启超确实还沾点亲戚关系。

于是，考中了一等第一名的梁士诒被除名。杨度虽然和康有为、梁启超没有直接的关系，但因为有"湖南师范生"的背景，杨度也被怀疑与唐长才有来往。唐长才是张之洞的学生，他因为反对朝廷而被张之洞杀害。所以杨度被除名了。当时有人传说慈禧要将梁士诒和杨度捉拿归案，听到这个消息后，杨度赶紧逃到日本避难。东京的房租非常贵，留日学生的住房比较紧张，但杨度的住所却非常宽敞。在日本，杨度交际广泛，很快他的住处就成了留学生们的聚点。在日本杨度结识了黄兴和陈天华。正好那个时候，梁启超也在日本流亡。杨度和梁启超在日本的横滨再次相遇,这次两人非常有共同语言,成为无话不谈的朋友,关系极为密切。梁启超在日本的生活不算宽裕,靠写作和教书挣钱,杨度经常去听梁启超的课,也给梁启超的报纸写文章。

1903年,杨度的《湖南少年歌》发表在梁启超的《新民丛报》上,这是杨度为应和梁启超的《少年中国说》而写作的。梁启超对杨度的这篇作品评价极高:"昔卢斯福演说,谓欲见纯粹之亚美利加人,请视格兰德;吾谓欲见纯粹湖南人,请视杨皙子。"这篇《湖南少年歌》是杨度的成名之作,文章中的那句"若道中华国果亡,除非湖南人尽死"流传很广。

1904年2月,杨度的《黄河歌》发表在《新民丛报》上。这篇文章也是杨度的代表作,梁启超评价这篇文章说:"今欲为新歌,适教科用,大非易易。盖文太雅则不适,太俗则无味。斟酌两者之间,使儿童讽诵之程度,而又不失祖国文学之精粹,其非易也。杨皙子之《黄河》《扬子江》诸作,庶可当之。"

杨度给梁启超赠诗:"茫茫国事急,恻恻忧情著。当凭卫道心,用觉斯民窾。古人济物情,反身自先诉。功名岂足贵,贵支全吾素。君子但求己,小人常外骛。愿以实圣训,常与相攻错。"

在日本的留学生中,杨度的威望很高,是在日本留日学生中各派争夺的对象。当时,留日的学生分为两派:一派信奉孙中山的革命排满说,另外一派信奉梁启超的君主立宪论。这两派舌剑唇枪,争论得不可开交。

1905年7月,孙中山为争取杨度参加革命,曾和他辩论了三天三夜。杨度说:"度服先生高论,然投身宪政久,骤难改。" 杨度认为,中国当时的国情,已经经不起暴力革命这剂猛药,更适合君主立宪。所以他倾向于梁启超的君主立宪论。

虽然孙中山没有说服杨度信奉革命排满说，但他们之间的关系依旧密切。杨度和孙中山约定："我主张君主立宪，一旦告成，希望先生可以助我；先生号召民族革命，先生成功，我也会放弃我的主张，以助先生。都是为国，不必互为妨碍。"杨度还介绍孙中山和黄兴交往。

1905 年，清政府为了挽救危亡的局势，准备立宪。朝廷派出了载泽、端方等五大臣出洋进行考察。他们到了欧洲、美国、日本等国家考察一番，却依旧对宪政稀里糊涂，为了向朝廷交差，他们只好找人帮忙。考察团的随行参赞熊希龄想到了梁启超和杨度，他们非常了解宪政，于是，熊希龄委托梁启超和杨度帮忙写一份宪政考察的报告，作为五大臣报告的底本。从此，杨度的名声在外，袁世凯和当朝的高层知道了杨度"懂法"。

1907 年 10 月，杨度的伯父病逝，他回国奔丧。1908 年 3 月，杨度在湖南长沙开设湖南华昌炼矿公司，4 月，袁世凯和张之洞联名举荐杨度，认为他"精通宪法，才堪大用"。因为袁世凯和张之洞的举荐，杨度被朝廷赏识，被授予了四品京堂官衔，虽然这个职位是个闲差，但杨度对袁世凯怀有知遇之感，他和袁世凯走得很近，参与了袁世凯的许多政治活动。杨度又结识了袁世凯的长子袁克定，袁克定和杨度之间的关系非常密切。

1911 年 10 月，清廷任命袁世凯为内阁总理，杨度向袁世凯推荐的第一个人是梁启超，因为梁启超有反清的前科，所以杨度是冒着很大的风险推荐他的。杨度举荐梁启超的文辞非常真挚恳切。在文章末尾，杨度表示愿意以命相保举荐梁启超。第二年，中华民国国会成立，杨度又推荐梁启超为共和党领袖。

这个时候，国家百废待兴，梁启超不计前嫌，向民国的第一任大总统袁世凯献上了制宪和财政等方面的建国方略。于是，袁世凯邀请梁启超加入自己的政府，在熊希龄总理的内阁中任司法总长。

熊希龄的内阁号称"第一内阁"，孙宝琦是外交总长，朱启钤是内务总长，段祺瑞是陆军总长，张謇是农林工局总长。但没有多久袁世凯就解散了熊希龄的内阁，无视以梁启超为首的关于"先定宪法，后选总统"的主张，强行提前进行正式大总统的选举。梁启超非常失望，他递交了辞去司法总长的呈文，挂印而去。

1915 年，袁世凯加紧了复辟帝制的准备。但袁世凯对梁启超的文章非常顾忌，他怕梁启超手里的这支笔，于是想方设法拉拢梁启超。1月，袁世凯的长子袁克定宴请梁启超，杨度作陪，袁克定询问他对帝制的态度。梁启超当场表示绝不赞同。8月，袁世凯的美籍顾问古德诺发表《共和与君主论》，说中国适合君主制。杨度和严复等人发起成立筹安会，为袁世凯称帝制造舆论。

当时的舆论界死气沉沉，梁启超愤怒难耐，不顾个人安危，拍案而起，连夜写了一篇文章《异哉所谓国体问题者》，痛快淋漓地斥责了袁世凯的称帝野心，表明了自己对帝制决不妥协的坚定立场。文中，梁启超大义凛然道："吾实不忍坐视此辈鬼蜮出没，除非天夺我笔，使不复能属文耳。"梁启超痛斥袁世凯的文章，令举国震动。

好友杨度派人给梁启超送来他的文章《君宪救国论》，梁启超为了表明自己对袁世凯称帝的反对，直接给了杨度一封绝交信，称："吾人政见不同，今后不妨各行其是，既不敢以私废公，但亦不必以公害私。"

同时把《异哉所谓国体问题者》这篇文章也给了他。梁启超在信中表示：与杨度从政治上划清界限，但仍保持私交不变。杨度看到这封信后，又找到自己的老朋友，也是梁启超最信任的学生蔡锷，请他出面去天津劝说梁启超，为袁世凯打个圆场。蔡锷知道，梁启超是劝不回来的，但他和杨度之间也是多年的朋友，只好去天津劝说梁启超。最终蔡锷的回复是："人各有志，不能相强。"

袁世凯知道这件事后，非常恐慌。因为袁世凯感到梁启超的文章如果发表肯定会引起巨大的反响。梁启超曾说过，为了不让自己这篇文章发表，袁世凯拿出二十万银圆收买他，自己毫不为钱所动，当场退回银圆。

后来袁世凯又派人对梁启超说，梁先生曾在海外流亡十几年，应该知道流亡的苦头，何必要再次自寻苦吃？他正色回答道："我对逃亡的经验已经很充足了，宁愿选择逃亡也不愿苟且地活在这污浊空气中。"坚决地表明了自己的立场。

1915 年 9 月 3 日，《异哉所谓国体问题者》在《京报》发表，迅速引起轰动，当天的报纸销售一空。茶馆和旅社的客人因为买不到报纸，只好借别人的报纸抄写后阅读。更有大批读者跑到报馆，要求再版。

但袁世凯不顾全国人民的反对，依旧加紧复辟，1915 年 12 月 13 日，袁世凯在中南海的居仁堂大厅举行了"登基"仪式。面对袁世凯的复辟，梁启超制定了举义的计划，分一明一暗两条线进行，梁启超在明处牵制袁世凯，蔡锷在暗中潜回云南，起兵伐袁。几个月前，袁世凯把梁启超的学生，当时的云南都督的蔡锷召到北京，监控起来。8 月 15 日，蔡锷应梁启超的邀请，乔装打扮，悄悄来到天津，秘密会见梁启超。二人决定要承担起讨伐袁世凯的责任。蔡锷说："我们明知力量有限，未必抗得过他，但为四万万人争人格起见，非拼着命去干这一回不可！"

师徒约定："今兹之役若败，则吾侪死之，决不亡命；幸而胜，则吾侪退隐，决不立朝。"

蔡锷从天津回到北京后，做出一副胸无大志的样子，日夜逛窑子，和小凤仙饮酒作乐。梁启超发表《异哉所谓国体问题者》一文后，蔡锷公开表态说梁启超是不识时务的书呆子，做不出什么事。以此稳住袁世凯的心。蔡锷还在军官赞成帝制的文件上，毫不犹豫地签上了自己的名字。蔡锷的做法稳住了袁世凯的心，以为他不会和梁启超一起反对自己。袁世凯终于对他放松了警惕，不再猜疑他。蔡锷看准时机，找机会从天津登上了日本的运煤船，借口去日本养病，偷偷地辗转返回云南，举起护国战争的大旗。

1915 年 12 月 25 日，云南宣布独立。由云南发出的电文如《致北京警告电》《云南檄告全国文》等，都是梁启超事先拟好的文章。

护国战争打响后，战况并不乐观。袁世凯派曹锟领军进剿云南，蔡锷要以不满五千的士兵对抗曹锟几十万器械精良的大军。此时的形势非常危急。梁启超马上给各省将军写信，劝说他们共同举兵，但却毫无回音。1916 年 2 月，广西都督陆荣廷派人带来了他的亲笔回信，说他欢迎梁启超到广西，只要见到梁启超，他立刻宣布独立。为了国家，梁启超没有任何犹豫，当即动身前往广西。

梁启超在日本军官的帮助下，乘坐日本邮船南下。为了躲避袁世凯的追杀，梁启超躲在舱底用来贮存邮件的小房间里不露面。小房间的旁边是邮船日夜轰鸣运行的锅炉，梁启超每天都浑身大汗淋漓，呼吸困难。到了深夜的时候，他才敢偷偷地跑到甲板上去透气。梁启超日夜兼程，他担心被抓回去。这个阶段，他又得了一种非常危险的热病，差一点客死他乡。经过长途跋涉，梁启超终于冒着生命危险来到了广西。3 月 15 日，陆荣廷任命梁启超为总参谋，宣告广西独立。这样，云、贵、川、桂四省联成一气，护国军受到极大鼓舞，重新对袁世凯的军队发起反攻。

冯国璋趁机联合湖南将军汤香茗等人，给袁世凯上书，要求取消帝制，恢复共和。在内外交困的形势之下，袁世凯在 3 月 22 日，被迫下令撤销帝制， 最终袁世凯只当了八十三天皇帝，就被撵下台了。

据说，袁世凯在弥留之际，咬牙切齿地大声喊道："杨度误我！"

第三章

学者梁启超

五四运动的导火索

护国战争结束后，国家政局一塌糊涂，梁启超无心从政，准备就此退隐，专心做学问。但这个时候，国家需要他，他也义不容辞地承担起了自己的责任。段祺瑞内阁成立的时候，正好赶上第一次世界大战，中国也被卷了进去，梁启超力主加入协约国作战，段祺瑞也表示同意。

1917 年，张勋复辟，康有为坚决支持，成了张勋的军师。这个时候，梁启超发表了《辟复辟论》，反对复辟帝制，支持共和。梁启超代表段祺瑞起草了讨逆宣言。说康有为是"此次首造逆谋之人，非贪黩无厌之武夫，即大言不惭之书生，于政局甘苦，毫无所知"。康有为没想到昔日的学生，现在居然也来反对自己。康有为骂梁启超是"梁贼启超"，并写诗大骂："鸱枭食母獍食父，刑天舞戚虎守关。"

曾经情同父子的师徒两人，正式公开决裂了。两人虽然在政治上决裂，但因为两人的名气都很大，争执对国家没有好处。于是，刘海粟等知名人士从中尽力斡旋，希望他们和好。康有为和梁启超都知道两人在政治上已经无沟通和合作了，但私人之间的关系还是有所缓和。

康有为七十岁寿辰的时候，梁启超托人献上了寿联和寿文，对康有为极尽夸奖。康有为过完寿宴没有多久，就去世了。康有为去世后，身后萧条，非常可怜，梁启超电汇了几百元钱，在北京设灵公祭，含泪宣读悼文。悼文肯定了康有为早年的历史贡献，但也委婉地批评了晚年对复辟的错误态度。随后，梁启超又戴孝守灵，连哭三天。

段祺瑞任命梁启超为财政总长。段祺瑞政府的财政十分困难，国家很穷，梁启超的主要任务就是筹款，梁启超只干了几个月就坚决辞职了。

1917 年 11 月 30 日，梁启超辞去了北洋政府财政总长的职务，专心从事学术研究工作。1918 年 11 月，第一次世界大战结束，巴黎和会即将召开。巴黎和会是一战后，确立世界新秩序的会议，梁启超希望利用这次机会提高中国在国际上的地位，更希望能收回德国在山东的权益。这个时候，梁启超也开始学英语了。

梁启超为中国参加和会作了多方面的策划。他向总统徐世昌建议，成立了以汪大燮为委员长、林长民为事务长的总统府外交委员会，负责和会期间的外交事务。

1918 年 12 月初，梁启超又筹集了十万元经费，其中政府拨款六万元，私人捐赠四万元。选了一批当时有名望的学者和专家作为随员，在年底去欧洲加巴黎和会。这些专家是：外交专家刘崇杰、工业专家丁文江、政治专家张君劢、军事专家蒋百里、经济专家徐新六。梁启超一行人这次去欧洲是"想拿私人资格将我们的冤苦向世界舆论申诉申诉，也算尽一二分国民责任"。

梁启超赴巴黎前，日本驻华代理公使芳泽特意宴请他，目的是为了探听他对处理山东问题的态度。梁启超义正言辞地说："我们自对德宣战后，中德条约废止，日本在山东继承权益的说法，当然没有了根据……中日亲善的口头禅已讲了好多年，我很盼望日本当局了解中国国民的心理，不然，恐怕往后连这点口头禅也拉倒了！"

1919 年 1 月，巴黎和会正式开幕。会上，同为战胜国的日本要求继承德国在山东的权益，遭到中方代表顾维钧的严词拒绝。

1919 年 1 月 28 日，中国首席代表顾维钧关于山东问题进行陈词。这位美国哥伦比亚大学的高才生，讲着一口流利的英语，他从山东的历史、文化、经济、战略等多方面有力地阐明了山东是中国不可分割也不容争辩的领土，并提出"根据和会承认的民族主义和领土完整的原则，中国有权收回（山东被占的）那些领土"，"中国代表团相信，和会在考虑处置胶州租借地及德国在山东的其他权益时，会充分重视中国的根本和崇高的权利，即政治主权和领土完整的权利，以及中国对世界和平的真诚愿望"。从法理上讲，战败的德国无权将在山东的权益转交他国，因此，和会理所应当让中国直接收回在山东的权益。

日本代表牧野男爵的发言，无法和顾维钧相提并论。他说对中国没有领土野心，却又坚持不肯归还强占地山东权益。他的英语讲得口音很重，还有不少含糊不清的地方，不少参加会议的人没有听明白他的意思。所以，当双方发言后，各国代表纷纷上前与顾维钧握手。顾维钧后来回忆说，在他发言之后，"威尔逊总统走过来向我表示祝贺。随后，劳合·乔治、贝尔福、蓝辛也都跑过来向我祝贺。威尔逊总统和劳合·乔治都说，这一发言是对中国观点的卓越论述"。而日本代表却被冷落在一边，对比非常鲜明。1919 年 2 月 11 日，梁启超等人到达伦敦，开始了在欧洲的国民外交活动。这一天，在北京大学召开了有一千多员工和学生参加的国际联盟同志会，大家推选梁启超为理事

长（汪大燮代理），蔡元培、王宠惠、李盛铎、严修、熊希龄、张謇
等为理事。

梁启超写下《世界和平与中国》一文，并翻译成多国文字，流传
很广："胶州湾德国夺自中国，当然须直接交回中国，日本不能借口
有所牺牲有所要求，试问英美助法夺回土地，曾要求报偿耶？"在记
者招待会上，梁启超说："若有一国要承袭德人在山东侵略主义的遗产，
就是世界第二次大战之媒，这个便是和平公敌"。在巴黎，梁启超以
中国民间代表的身份会见了美国总统威尔逊，请他们支持中国收回德
国在山东权益的立场，威尔逊答应了。

这时，日本代表拿出 1918 年中日关于山东问题的换文。这个换文，
是在日本的压力和"善意"下，基本按照日本的意思，承认了日本对
于胶济铁路的权力。代表中方签字的章宗祥，在换文中有例行的"欣
然同意"字样。

遗憾的是，虽然欧洲列强和日本有矛盾，但由于日本的实力，他
们不愿意得罪日本。美国总统威尔逊虽然在会上也反复强调公理和正
义，呼吁建立一种在尊重人类权利基础上的新的国际秩序。可惜，他
的这种国际新秩序，是要靠建立现实的国际联盟来实现的。要建立这
个联盟，必须得到五大国之一的日本的支持。威尔逊不可能冒日本退
出会议导致国际联盟设想彻底失败的风险，去为中国说话。只要日本
坚持非要山东不可，美国人只能答应。

这个时候，梁启超才发现自己竟然被北京政府蒙在鼓里，对段祺
瑞政府在 1918 年 9 月与日本签订的秘密借款合同和关于山东问题的换
文毫不知情。3 月中旬，梁启超致电汪大燮和林长民，把自己所了解到
的和会上关于青岛问题的情况告诉他们："交还青岛，中日对德同此要

求，而孰为主体，实为目下竞争之点，查自日本据胶济铁路，数年以来，中国纯取抗议方针，以不承认日本继德国权利为限。本去年9月间，德军垂败，政府究用何意，乃于此时对日换文订约以自缚，此种秘约，有背威尔逊十四条宗旨，可望取消，尚乞政府勿再授人口实。不然千载一时良会，不啻为一二订约之人所败坏，实堪惋惜。超漫游之身，除襄助鼓吹外，于和会实际进行，未尝过问，惟既有所闻，不敢不告，以备当轴参考，乞转呈大总统。"

梁启超作为中国参加和会代表的会外顾问和民间代表，进行了大量的游说活动，发挥了出席和会的中国外交代表所起不到的作用。梁启超在万国报界俱乐部举行的欢迎宴会上慷慨陈词道："若有别一国要承袭德人在山东侵略主义的遗产，就为世界第二次大战之媒，这个便是和平之敌。"虽然梁启超做了大量的努力，但却没有丝毫的进展。

4月29日，英、美、法三国会议，日本代表也应邀出席这次会议。第二天，三国会议继续召开，会议决定将原来德国在山东的权益全部让给日本。

面对这样的形势，北京政府派出的出席和会的首席代表陆征祥也要签字了。在这个紧急的关头，梁启超打听到和会条约的内容，而且得到消息，部分中国代表已准备在条约上签字。梁启超马上给国内的好朋友汪大燮和林长民发电报，告知他们巴黎的详细情况："汪、林二总长转外协会：对德国事，闻将以青岛直接交还，因日使力争，结果英、法为所动，吾若认此，不啻加绳自缚，请警告政府及国民严责各全权，万勿署名，以示决心。"

4月30日，林长民接到梁启超的电报，5月1日写成《外交警报敬告国人》的文章，刊载在5月2日的《晨报》头版头条。林长民的全文如下："胶州亡矣！山东亡矣！国不国矣！此噩耗前两日仆即闻之，今得梁任公电乃证实矣！闻前次四国会议时，本已决定德人在远东所得权益，交由五国交还我国，不知如何形势巨变。更闻日本力争之理由无他，但执1915年之二十一条条约，及1918年之胶济换文，及诸铁路草约为口实。呜呼！二十一条条约，出于协逼；胶济换文，以该约确定为前提，不得径为应属日本之据。济顺、高徐条约，仅属草约，正式合同，并未成立，此皆国民所不能承认者也。国亡无日，愿合四万万民众誓死图之！"同日的《晨报》还载有国民外交协会1日发给巴黎和会英、法、美诸国代表和中国专使的电文。国民外交协会按照梁启超的建议，严正警告中国专使："和平条约中若承认此种要求，诸公切勿签字。否则丧失国权之责，全负诸公之身，而诸公当受无数之谴责矣……诸公为国家计，并为己身计，幸勿轻视吾等屡发之警告也。"

　　林长民的文章刊登后，北京大学的学生代表就召开紧急会议。5月4日下午一时，北京大学等十四个学校的五千多名学生走上街头游行，爆发了震惊中外的五四运动。这是中国历史上具有划时代意义的重大事件，也是中国历史上辉煌的一页。梁启超在这场运动中发挥了重要的作用。有人说 五四运动是因为梁启超的一封电报引发的爱国运动，梁启超在历史转折的关头又一次站在了前列。

在清华大学著书立说

梁启超是时代的弄潮儿，他的一生波澜壮阔。梁启超参与了辛亥革命，组建进步党，当司法总长，当币制局总裁，参加了倒袁运动，参与了反对张勋复辟，任过内阁财政总长，出任京师图书馆馆长，当时国内的重大事件都有他的身影，梁启超为了国家的进步和民族的富强做出了贡献。相比他的政治活动，梁启超在学术上的贡献更大。梁启超在哲学、文学、史学、经学、法学、伦理学等领域，都有不小的建树。他的一生写了一千四百万字的著作，在学术上硕果累累。

梁启超有理想、有格局，是个没有城府的性情中人，他缺乏作为政治家必备的实际能力，更适合做学问。经过了倒袁运动和反复辟的事件，梁启超决定不再从政，专心研究学问。他出游欧洲，详尽地考察西方文明，两年后回国，写出了一本书，名叫《欧洲心影录》。从此他就专心地致力于教育和著述。梁启超早年的时候就办过很多报纸，到很多地方演讲。20世纪初的年轻人，很多人都受过他的影响。

年轻时候的毛泽东深受梁启超的影响，他读到梁启超主编的《新民丛报》后，专门改了个笔名叫"学任"，任公就是梁启超的号。毛泽东还学着梁启超的文风写政论文，他写出的很多文章都是梁启超的时务体风格，贴在学校的墙壁上。

梁启超与清华大学的渊源深远，他是清华大学校训的提出者。1914年11月5日，四十一岁的梁启超应邀到清华演讲，演讲的题目是《君子》：

君子二字其意甚广，欲为之诠注，颇难得其确解。为英人所称劲德尔门包罗众义与我国君子之意差相吻合。证之古史，君子每与小人对待，学善则为君子，学不善则为小人。君子小人之分，似无定衡。顾习尚沿传类以君子为人格之标准。望治者，每以人人有士君子之心相勖。《论语》云：君子人与君子人也，明乎君子品高，未易几及也。

英美教育精神，以养成国民之人格为宗旨。国家犹机器也，国民犹轮轴也。转移盘旋，端在国民，必使人人得发展其本能，人人得勉为劲德尔门，即我国所谓君子者。莽莽神州，需用君子人，于今益极，本英美教育大意而更张之。国民之人格，骎骎日上乎。

君子之义，既鲜确诂，欲得其具体的条件，亦非易言。《鲁论》所述，多圣贤学养之渐，君子立品之方，连篇累牍势难胪举。周易六十四卦，言君子者凡五十三。乾坤二卦所云尤为提要钧元。乾象曰："天行健，君子以自强不息。"坤象曰："地势坤，君子以厚德载物。"推本乎此，君子之条件庶几近之矣。

乾象言，君子自励犹天之运行不息，不得有一暴十寒之弊。才智如董子，犹云勉强学问。《中庸》亦曰，或勉强而行之。人非上圣，其求学之道，非勉强不得入于自然。且学者立志，尤须坚忍强毅，虽遇颠沛流离，不屈不挠，若或见利而进，知难而退，非大有为者之事，何足取焉？人之生世，犹舟之航于海。顺风逆风，因时而异，如必风顺而后扬帆，登岸无日矣。

且夫自胜则为强，乍见孺子于入水，急欲援手，情之真也。继而思之，往援则己危，趋而避之，私欲之念起，不克自胜故也。孔子曰："克己复礼为仁。"王阳明曰："治山中贼易，治心中贼难。"古来忠臣孝子愤时忧国奋不欲生，然或念及妻儿，辄有难于一死不能自克者。若能摈私欲尚果毅，自强不息，则自励之功与天同德，犹英之劲德尔门，见义勇为，不避艰险，非吾辈所谓君子其人哉。

坤象言君子接物，度量宽厚，犹大地之博，无所不载。君子责己甚厚，责人甚轻。孔子曰："躬自厚而薄责于人。"盖惟有容人之量，处世接物坦焉无所芥蒂，然后得以膺重任，非如小有才者，轻佻狂薄，毫无度量，不然小不忍必乱大谋，君子不为也。当其名高任重，气度雍容，望之俨然，即之温然，此其所以为厚也，此其所以为君子也。

纵观四万万同胞，得安居乐业，教养其子若弟者几何人？读书子弟能得良师益友之熏陶者几何人？清华学子，荟中西之鸿儒，集四方之俊秀，为师为友，相蹉相磨，他年遨游海外，吸收新文明，改良我社会，促进我政治，所谓君子人者，非清华学子，行将焉属？虽然君子之德风，小人之德草，今日之清华学子，将来即为社会之表率，语默作止，皆为国民所仿效。设或不慎，坏习惯之传行急如暴雨，则大事偾矣。深愿及此时机，崇德修学，勉为真君子，异日出膺大任，足以挽既倒之狂澜，作中流砥柱，则民国幸甚矣。

在文章中，梁启超引用《周易》中乾、坤二卦的卦辞："天行健，君子以自强不息""地势坤，君子以厚德载物"来勉励清华学子。清华大学把"自强不息，厚德载物"写进了校规，后来又逐渐演变成为清华的校训。

1914年底，梁启超到清华西工字厅"假馆著书"十个月，1917年年初，梁启超再次应邀到清华大学做演讲。1920年12月，梁启超开始到清华系统地讲授"国学小史"，1922年2月，梁启超被清华正式聘为讲师，讲授中国学术史等课程。

梁启超指导的学科范围主要是哲学史和思想史，比如说"诸子""中国佛学史""宋元明学术史""清代学术史"等，在这段时间里，他又写出了《清代学术概论》《墨子学案》《中国历史研究法》《中国近三百年学术史》等多部作品。

梁启超非常重视对学生的人格培养，他曾在研究院举行的一次茶话会上发表演讲，鼓励清华学生："诸同学出校后，若做政治家，便当做第一流的政治家，不要做一个腐败的官僚；若做学问家，便当做一流的学问家，能发前人所未发而有益于后人；若做教员，便当做第一流的教员。"

梁启超在演讲《为学与做人》中说：

诸君啊！你千万别以为得些断片的知识，就算是有学问呀。我老实不客气告诉你罢，你如果做成一个人，知识自然是越多越好；你如果做不成一个人，知识却是越多越坏。你不信吗？试想全国人所唾骂的卖国贼某人某人，是有知识的呀，还是没知识的呢？试想想全国人所痛恨的官僚政客——专门助军阀作恶鱼肉良民的人，是有知识的呀，还是没有知识的呢？诸君须知道啊，这些人当十几年前在学校的时代，意气横历，天真烂漫，何尝不和诸君一样？为什么就会堕落到这样的田地呀？屈原说的："但昔日之芳草兮，今真为此萧艾也！岂其有他故兮，莫好修之害也。"天下最伤心的事，莫过于看着一群好好的青年，一步一步地往坏路上走。诸君猛醒！现在你所爱所恨的人，就是你前车之鉴了。

1925 年初，清华学校成立大学部，筹办国学研究院，校长曹云祥准备邀请胡适到清华。胡适认为自己并不合适，他说要请一流的学者，必须得请三位大师：梁启超、王国维和章太炎。

在 1925 年，梁启超被聘为清华大学国学院的导师。20 世纪 20 年代，清华大学的国学院将四位大家全部都请过来，他们是梁启超、陈寅恪、王国维和赵元任。他们并称为"清华四导师"。梁启超参与了国学研究院初创时的规章制度和学生招生与培养方案的制订等工作，对清华国学研究院的发展做出了特殊的贡献，开创了一代国学研究的高潮。

"清华四导师"中最特别的是陈寅恪。他在海外留学了将近二十年，在二十多所大学读过书，旨趣在"以求知识为职志"。陈寅恪专心读书，只是为了掌握知识，但对学位却淡然处之，连大学文凭也没有拿到。但他的知识却非常渊博，被人称为"教授中的教授"。

梁启超向清华校长曹云祥推荐陈寅恪时，曹校长问他："陈先生是哪一国的博士？"

梁启超回答道："既不是博士，也不是硕士。"

曹校长问："有没有著作？"

梁启超回答："没有著作。"

聘请没有学位，没有著作，更没有名气的人来清华教书，这出乎人的意料。曹校长吃惊地说："既不是博士，又没有著作，那怎么行呢？"

梁启超很生气，说："我也算是著作等身了，却没有陈先生寥寥数百字有价值。"最终，曹云祥听从了梁启超的建议，聘请陈寅恪到清华任教。这才有了让后人仰望的清华国学大师陈寅恪。

陈寅恪对梁启超非常尊重，但在学术问题上却和恩人梁启超有分歧。在陶渊明弃官归隐这件事上，梁启超认为是因为陶渊明不肯与当时的士大夫同流合污，把自己的人格丧失掉。陈寅恪却认为，陶渊明归隐的真正原因是他是东晋时人，东晋亡后，他"耻事二姓"。陈寅恪还批评梁启超，暗讽他既侍奉清朝，然后又入仕民国的行为。

有朋友劝陈寅恪："梁公对你有知遇之恩，现在你这样做，就不怕被人说你忘恩负义吗？"陈寅恪回答说，他这样做才是对梁公最大的尊重，也没有辜负梁公对自己的赏识和抬举。

有人说梁启超对陈寅恪的推荐是"引狼入室"，梁启超听后，淡然一笑说："无论是批评陈寅恪还是讥讽我的人，都把我们看得太小了。"

1926年3月间，梁启超患病住进协和医院动手术，由于手术不顺利，经医治病愈后体质大降，身体状况不佳。于是，梁启超就请病假回到天津的家中休养，他在研究院的教学也受到了影响。1928年初，梁启超的肾病越来越重，2月中旬，梁启超向学校提出了辞职。

5月初，梅贻琦在研究院教务会上传达了学校评议会的决议：梁任公经学校挽留表示愿为通信导师，现评议会决定仍请梁先生回校任教，不另请人。直到1929年1月19日梁启超在协和医院病逝，他仍是清华国学研究院的导师。

吾爱吾师，但我更爱真理

蒋百里生于 1882 年，是浙江海宁人。他是清末的秀才，也是民国时期著名的军事理论家和军事教育家。蒋百里的祖父蒋光煦是著名的藏书家和刻书家，他建了一座名叫"别下斋"的藏书楼，藏了十万册图书。父亲蒋学烺，因为生下来缺左臂，蒋光煦不喜欢他，把他送到寺庙出家做小沙弥。蒋学烺长大后还俗学医，娶浙江海盐秀才、名医杨笛舟的独生女杨镇和为妻。蒋百里的母亲杨镇和知书达理，非常贤惠，是蒋百里的启蒙老师。

蒋百里十三岁的时候，父亲去世，与母亲相依为命。蒋百里从小跟着叔父蒋世一给自己孩子请来的老师老秀才倪勤叔学习，由于他非常聪明，被人称为"神童"。蒋百里十五岁的时候，经常手捧《普天忠愤集》挑灯夜读，读得放声痛哭发誓为国效命。1898 年，十六岁的蒋百里考中秀才。1901 年，方县令、林知府、陈仲恕三人一起出钱，把蒋百里送到日本留学。

1905 年，蒋百里在日本陆军士官学校步科第十三期毕业班毕业，他的成绩非常优秀。在日本军校期间，蒋百里、蔡锷、张孝准被称为"中国三杰"，这三个人出生年月相近，回国后都做出了一番成就。1902年，蒋百里被选为中国留日学生大会的干事，他组织了"浙江同乡会"，当时大约有三千留学日本的中国学生，他们思想很激进。1903年2月，蒋百里创办杂志《浙江潮》，亲笔撰写发刊词，杂志行销国内。鲁迅当时也在日本为杂志投稿。在上海监狱中的章太炎的诗文《狱中赠邹容》在《浙江潮》上刊登，这首诗让万人传诵。蒋百里和蔡锷同年生人，两人志同道合，一见如故，结成了生死之交。

蔡锷是梁启超的弟子，经蔡锷的介绍，蒋百里结识了在日本避难的梁启超，并拜他为师，梁启超很欣赏蒋百里的文才。蒋百里也把梁启超当成恩师，非常尊重他，但是在革命还是改良的问题上，蒋百里却非常坚定，丝毫不会改变立场，敢于同恩师梁启超公开论战。1902年，梁启超在《新民丛报》上宣扬立宪，他说："欲维新吾国，当先维新吾民，中国所以不振，由于国民公德缺乏，智慧不开……"接着，梁启超又写出了《新民说》《新民广义》等文章，系统地阐述发挥。梁启超的文章发表后，改良主义的论调影响了很多人。

蒋百里看到这些文章后，立即用笔名飞生，在《浙江潮》上发表了《近时二大学说之评论》的文章。在文章中，蒋百里尖锐地说："《新民说》不免有倒果为因之弊，而《立宪说》则直所谓隔靴搔痒者也。"这篇文章分为上下两篇连续刊登在两期。当上篇刚刊登出来的时候，梁启超马上就在《新民丛报》上写了《答飞生》的文章进行辩解。

有人不解地问蒋百里："梁任公是你的恩师，你怎么同他公开论战？不怕损害师生情谊吗？"蒋百里坦荡地回答："吾爱吾师，但我更爱真理！"

蒋百里从日本士官学校以优异的成绩毕业回国后，袁世凯对他非常器重，和他彻夜长谈，根据他的建议组建"模范团"作为中国新式陆军的样板部队，全国推广。因为袁世凯倒台，这个想法没有实现。当袁世凯准备称帝的时候，蒋百里和蔡锷、张宗祥等将领先后南下组织反袁护国。袁世凯倒台后，蒋百里陪着蔡锷去日本治病，蔡锷在日本病逝后，蒋百里代他拟定遗电，并护送灵柩回湖南安葬。

蒋百里是国民政府对日作战计划的主要设计者，他编著的《国防论》是第二次世界大战中，中国军队的战略指导依据。蒋百里为这本书耗尽了心血，在扉页上，他写下了这样的话："千言万语化作一句话，中国是有办法的。"

在抗战的战场上，蒋百里在保定军官学校和陆军大学培养出来的学生在沙场上浴血奋战，他们都是中国军队的高层指挥官。蒋百里的文章和梁启超的文笔类似，但他不同于梁启超的改良主义，更倾向于革命。1906 年他去德国留学。1906 年，蒋百里被清东三省总督赵尔巽聘为东北新军督练公所总参议，筹建新军。赵尔巽非常赏识蒋百里，推荐他公派去德国研习军事，成为德国总统兴登堡将军下面的连长。1910 年，蒋百里二十八岁，回国任京都禁卫军管带。

武昌起义后，蒋百里担任浙江都督府总参议。1912 年担任保定陆军军官学校校长，1913 年，担任袁世凯总统府的一等参议。

1913 年 6 月 18 日的凌晨五点，保定军校的校长蒋百里召集全校两千多名师生紧急训话。蒋百里身着黄呢军服，腰间挂着长柄佩刀，站在尚武堂石阶上训话："初到该校，我曾宣誓，我要你们做的事，你们必须办到；你们希望我做的事，我也必须办到。你们办不到，我要责罚你们；我办不到，我也要责罚我自己。现在看来，我未能尽责……

你们要鼓起勇气担当中国未来的大任！"说完后，他掏出手枪，照自己的胸部偏左的方向开了一枪。

虽然伤势很重，但蒋百里还是活了下来。在养病期间，他和看护他的日本女子佐藤屋感情日渐升温，最终两人喜结良缘，佐藤屋改名为蒋左梅。

1916 年袁世凯称帝，蒋百里入川辅佐老同学蔡锷讨袁。袁世凯死去后，蒋百里陪着蔡锷去日本就医，为他料理后事。

1917 年，担任黎元洪总统府的顾问。五四运动前夕，蒋百里和梁启超等人结伴去欧洲考察。他们以巴黎作为大本营，用一年的时间走遍了比利时、荷兰、瑞士、意大利、德国等欧洲国家。蒋百里和梁启超等人去欧洲考察的时候，国内爆发了五四运动。第二年梁启超和蒋百里回国，梁启超决心放弃政治生涯，全力从事新文化运动，蒋百里也积极参与进来，他成了梁启超最得力的助手，他不仅出主意，还著书立说，成为新文化运动的战将。

1921 年，蒋百里把欧洲考察的成果写成一本五万字左右的书，名字叫《欧洲文艺复兴史》，梁启超读了这本书后非常赞赏，并评论这本书是"极有价值之作，述而有创作精神"。蒋百里便请梁启超作序。梁启超一写就停不住笔，竟然写了五万多字，跟原书的字数差不多。这么长的序肯定不合适，于是，梁启超只好另作短序。后来梁启超将这篇长序进行改写和充实，书名叫《清代学术概论》。梁启超的这本书又请蒋百里作序，这也是民国学术界的一大佳话。

1923 年，蒋百里和胡适组织新月社。他和梁启超的学生徐志摩是亲戚，在徐志摩经济最为紧张的时候，蒋百里将自己在北京的住所交给徐志摩卖出，帮他渡过难关。几年后蒋百里被蒋介石关进监狱，徐志摩背起铺盖，喊着要进去陪他坐牢，这件事在当时引起了不小的轰动。

1933 年，蒋百里奉蒋介石的命令再度奔赴日本考察，认为中日大战不可避免，拟就了国防计划，以备中日之战。1935 年，蒋百里被聘为军事委员会高级顾问。

1937 年初，蒋百里最重要的军事论著集《国防论》出版，轰动一时，扉页题词是："万语千言，只是告诉大家一句话，中国是有办法的！"

蒋百里的军事理论影响很广，蒋介石非常认同蒋百里的军事思想，认为他是陆军大学校长最合适的人选。1938 年 10 月，蒋百里出任陆军大学代理校长，原本这个校长一直是由蒋介石兼任的。11 月，陆军大学奉命从湖南桃源县迁往贵州遵义。蒋百里本来就有心脏病，为抗日和学校搬迁又积劳成疾。从衡山出发的时候，蒋百里的心率已经超过一百。到桂林后不断收到各种邀请去演讲，接待各路人员的来访，非常疲劳，身体每况愈下。到柳州后，蒋百里开始夜间出冷汗，随后胸口疼痛，大汗不止。蒋百里勉强到达宜山县后，在 11 月 4 日的夜晚，因心脏麻痹症逝世，时年五十七岁。蒋百里逝世后，举国震悼。重庆各界举行公祭，蒋介石亲临主祭。国民党政府追赠蒋百里为陆军上将。

趣味主义者

梁启超提倡趣味主义，他曾经写了一篇文章《人要生活在趣味之中》，在这篇文章中，他对趣味主义表明自己的观点：

我是个主张趣味主义的人，倘若用化学化分"梁启超"这件东西，把里头所含一种元素名叫"趣味"的抽出来，只怕所剩下的仅有个零了。我以为凡人必须常常生活于趣味之中，生活才有价值；若哭丧着脸挨过几十年，那么，生活便成沙漠，要他何用？中国人见面最喜欢用的一句话："近来做何消遣？"这句话我听着便讨厌。话里的意思，好像生活得不耐烦了，几十年日子没有法子过，勉强找些事情来消他遣他。一个人若生活于这种状态之下，我劝他不如早日投海。我觉得天下万事万物都有趣味，我只嫌二十四点钟不能扩充到四十八点，不够我享用。我一年到头不肯歇息。问我忙什么，忙的是我的趣味，我以为这便是人生最合理的生活，我常常想动员别人也学我这样生活。

凡属趣味，我一概都承认他是好的。但怎么才算趣味？不能不下一个注脚。我说："凡一件事做下去不会生出和趣味相反的结果的，这件事便可以为趣味的主体。"赌钱有趣味吗？输了，怎么样？吃酒，有趣味吗？病了，怎么样？做官，有趣味吗？没有官做的时候，怎么样……诸如此类，虽然在短时间内像有趣味，结果会闹到俗语说的"没趣一齐来"，所以我们不能承认他是趣味。凡趣味的性质，总是以趣味始，以趣味终。所以能为趣味之主体者，莫如下面的几项：一、劳作，二、游戏，三、艺术，四、学问。诸君听我这段话，切勿误会：以为我用道德观念来选择趣味。我不问德不德，只问趣不趣。我并不是因为赌钱不道德才排斥赌钱，因为赌钱的本质会闹到没趣，闹到没趣便破坏了我的趣味主义，所以排斥赌钱。我并不是因为学问是道德才提倡学问，因为学问的本质，能够以趣味始，以趣味终，最合于我的趣味主义条件，所以提倡学问。

学问的趣味，是怎么一回事呢？这句话我不能回答。凡趣味总要自己领略，自己未曾领略得到时，旁人没有法子告诉你。佛典说的："如人饮水，冷暖自知。"你问我这水怎样的冷，我便把所有形容词说尽，也形容不出给你听，除非你亲自喝一口。我这题目：《学问之趣味》，并不是要说学问是如何如何的有趣味，只是要说如何如何便会尝得着学问的趣味。

诸君要尝学问的趣味吗？据我所经历过的，有下列几条路应走：

第一，无所为。趣味主义最重要的条件是"无所为而为"。凡有所为而为的事，都是以另一件事为目的而以这一件事为手段。为达目的起见，勉强用手段；目的达到时，手段便抛却。例如学生为毕业证书而做学问，著作家为版权而做学问，这种做法，便是以学问为手段，便是有所为。有所为虽然有时也可以为引起趣味的一种方法，但到趣味真发生时，必定要和"所为者"脱离关系。你问我："为什么做学问？"

我便答道：“不为什么。”再问，我便答道：“为学问而学问。”或者答道：“为我的趣味。”诸君切勿以为我这些话是故弄玄虚，人类合理的生活本来如此。小孩子为什么游戏？为游戏而游戏。人为什么生活？为生活而生活。为游戏而游戏，游戏便有趣；为体操分数而游戏，游戏便无趣。

第二，不息。“鸦片烟怎样会上瘾？”“天天吃。”上瘾这两个字，和天天这两个字是离不开的。凡人类的本能，只要哪部分搁久了不用，它便会麻木，会生锈。十年不跑路，两条腿一定会废了。每天跑一点钟，跑上几个月，一天不跑时，腿便发痒。人类为理性的动物，“学问欲”原是固有本能之一种，只怕你出了学校便和学问告辞，把所有经管学问的器官一齐打落冷宫，把学问的胃口弄坏了，便山珍海味摆在面前也不愿意动筷了。诸君啊，诸君，倘若现在从事教育事业或将来想从事教育事业，自然没有问题，很多机会来培养你的学问胃口。若是做别的职业呢，我劝你每日除本业正当劳作之外，最少总要腾出一点钟，研究你所嗜好的学问。一点钟哪里不消耗了，千万不要错过，闹成“学问胃弱”的征候，白白自己剥夺了一种人类应享之特权啊！

第三，深入地研究。趣味总是慢慢地来，越引越多，像倒吃甘蔗，越往下才越得好处。假如你虽然每天定有一点钟做学问，但不过拿来消遣消遣，不带有研究精神，趣味便引不起来。或者今天研究这样，明天研究那样，趣味还是引不起来。趣味总是藏在深处，你想得着，便要进去。这个门穿一穿，那个门张一张，再不曾看见“宗庙之美，百官之富”，如何能有趣味？我方才说：“研究你所嗜好的学问。”嗜好两个字很要紧。一个人受过相当教育之后，无论如何，总有一两门学问和自己脾胃相合，而已经懂得大概，可以作加工研究之预备的。

请你就选定一门作为终身正业（指从事学者生活的人说），或作为本业劳作以外的副业（指从事其他职业的人说）。不怕范围窄，越窄越便于聚精神；不怕问题难，越难越便于鼓勇气。你只要肯一层一层的往里面钻，我保你一定被它引到"欲罢不能"的地步。

第四，找朋友。趣味比方电，越摩擦越出。前两段所说，是靠我本身和学问本身相摩擦，但仍恐怕我本身有时会停摆，发电力便弱了。所以常常要仰赖别人帮助。一个人总要有几位共事的朋友，同时还要有几位共学的朋友。共事的朋友，用来扶持我的职业，共学的朋友和共玩的朋友同一性质，都是用来摩擦我的趣味。这类朋友，能够和我同嗜好一种学问的自然最好，我便和他搭伙研究。即或不然，他有他的嗜好，我有我的嗜好，只要彼此都有研究精神，我和他常常在一块或常常通信，便不知不觉把彼此趣味都摩擦出来了。得着一两位这种朋友，便算人生大幸福之一。我想只要你肯找，断不会找不出来。

我说的这四件事，虽然像是老生常谈，但恐怕大多数人都不曾这样做。唉！世上人多么可怜啊！有这种不假外求，不会蚀本，不会出毛病的趣味世界，竟没有几个人肯来享受！古书说的故事"野人献曝"，我是尝冬天晒太阳滋味尝得舒服透了，不忍一人独享，特地恭恭敬敬地来告诉诸君，诸君或者会欣然采纳吧？但我还有一句话：太阳虽好，总要诸君亲自去晒，旁人却替你晒不来。

梁启超的生活充满了趣味，他非常喜欢打麻将，说起麻将，梁启超还有这样的一句名言："只有读书可以忘记打牌，只有打牌可以忘记读书。"1919年，梁启超从欧洲回国。有一次，有人请梁启超发表演讲，他说："你们订的时间我恰好有四人功课。"对方不明白他的意思，以为他要辅导学生，劝他说辅导功课的事早点晚点都没事。梁启超解释说，四人功课就是约了麻将牌局。为了麻将可以把演讲推掉，由此可见梁启超对麻将多么上瘾。梁启超在演讲之前，喜欢玩几圈麻将，他说："予正利用博戏时间起腹稿耳。骨牌足以启予智窦。手一抚之，思潮汩汩而来，较寻常枯索，难易悬殊，屡验屡效，已成习惯。"梁启超打完麻将后去演讲，他都会妙语如珠，效果非常好，也许是他在麻将桌上酝酿好底稿了吧。

据说，梁启超的很多社论文章都是在麻将桌上口授而成的。梁启超担任《时务报》主笔的时候，有"麻将桌上写社论"的传闻。每日午夜，梁启超在牌局上，一边口中吆喝打牌，一边口述社评，由报馆的专人记录他说的内容，第二天早早刊在报纸上。

梁启超著名的讨袁檄文《异哉所谓国体问题者》就是在牌局后写成的。那天，梁启超和好友一起打麻将，友人催他快点去写稿。但梁启超因为当时手风很不顺利，一直没有胡牌，所以，他迟迟地不愿意下牌桌。直到晚上九点，梁终于胡牌了，他这才放下麻将，去附近的一家邮局发电报。梁启超站在外边口述，发电员打字，到了十一点半的时候，梁启超终于打完了全文。这就是著名的《异哉所谓国体问题者》，一共九千多字，无一修改。

梁启超喜欢打麻将，还曾发明过五人与三人玩法。遗憾的是，虽然他喜欢打麻将，但技术不好，打十次麻将，得输上九次。尽管如此，梁启超依旧兴致勃勃，还把打麻将和救国联系起来："麻将不能不打，要救国一定要打麻将。打麻将可以观察人的品格，还可以锻炼坚忍精神，一坐下去不论胜负，一定要打完四圈。即使前三圈都失败了，还有翻本的希望，我们国家和别国竞赛，败了也不能气馁呀！这种精神可以在麻将桌上锻炼出来。"

梁启超的爱好广泛，他对书法艺术有着浓厚兴趣，常以书法临池作为每日的功课，专心地学习书法。1898 年，戊戌变法失败后，梁启超逃往日本。梁启超出逃的时候，情况万分危急，他还不忘带上喜欢的碑帖。在日本流亡的十四年中，梁启超对书法的兴趣没有丝毫的减退。梁启超在《双涛阁日记》中，记述了他的读书和临池生活，文中有他每天临池的内容数量进度和体会。梁启超终身研习书法，1916 年 7 月 14 日，梁启超在《致梁思顺书》中写道："惟学书较前益勤，日常尽二十纸，经已钞完，顷方钞子，稍足收敛此心耳。"

梁启超对墨汁和纸非常讲究，他每天一定要由侍役磨墨，只要墨汁隔一个晚上，他都会倒掉不用。要是劣纸，他就拒绝使用。梁启超曾经送给胡适一个对联："胡蝶儿，晚春时，又是一般闲暇；梧桐树，三更雨，不知多少秋声。"梁启超也送徐志摩一集句联："临流可奈清癯，第四桥边，呼棹过环碧；此意平生飞动，海棠影下，吹笛到天明。"梁启超在《饮冰室诗话附录》中写道："我所集最得意的是赠徐志摩一联……此联极能看出志摩的性格，还带着记他的故事，他曾陪泰戈尔游西湖，别有会心。又尝在海棠花下做诗做个通宵。"梁启超墨宝的名声越来越大，向他求字的人日渐增多，梁启超便干脆定了润例，公开卖字，一个月竟然经常能有两三千元银圆的收入，这在当时可是一笔巨款。

梁启超一生致力于收藏碑刻拓本。他去世后，其家人将他生前收藏的近一千三百件历代碑刻拓本全部捐献给北京图书馆。梁启超曾经花费巨资，购得了《淳化阁帖》，贴子上有宋、明、清人的题识，梁启超以为是宋拓，非常高兴。后来有人告诉他这是伪造的，梁启超知道受骗了，非常懊恼。

　　梁启超喜欢听戏，每日午睡前，他让家人打开用手摇动的落地大型留声机，听几出谭鑫培、杨小楼还有梅兰芳等人的京剧，那个时候，还没有无线电收音机，这种落地的大型留声机非常时尚。

　　号称世界第一人的提琴大师克里斯勒来华演出时，总统黎元洪定了一个大包厢，携带妻妾眷属去捧场，并向音乐家赠送了鲜花大提篮。上台致介绍词的是梁启超。

财源广进

梁启超出身贫寒，从小家中经济很紧张，但他本人却很有经济头脑和挣钱能力，随着他事业的发展，梁启超的挣钱能力越来越强。俗话说："君子爱财，取之有道"，梁启超是个聚财有方的人。

1898 年梁启超逃亡日本后，生活非常艰苦，后来他得到了日本政府的资助，生活有了改善。梁启超勤奋写作，他的稿酬源源不断。他还办过《清议报》和《新民丛报》，也有不少收入。另外，在日本流亡期间，还获得了华侨、慈善机构以及民间社团的赞助，虽然也有一时的困难，但整体上生活还算不错的。后来，李蕙仙带着全家人来到日本，随着人口增多，支出也不断增加，经济压力加大，但一家人的生活很稳定。

1912 年，梁启超回国后，随着名声增大，他有了一定的权力地位，梁启超的收入越来越多。袁世凯每月给他的津贴是三千元，还答应他组党的资助是二十万元，他想要五十万元。梁启超说："吾若稍自贬损，月入万金不难。" 在当时一般职员每月的收入是八元左右，梁启超属于高收入的人了。

梁启超的收入有不少渠道，首先是任职。梁启超担任政府官员时候的收入很高，1925 年之后，他去清华国学院当教授，月薪是四百元。除了任职之外，他的经济来源还有稿酬，梁启超勤奋写作，著作颇丰，他的书大多数都在商务印书馆出版，无论是稿费，还是版税，在当时都是最高的。梁启超经常有演讲和讲课，晚年更多，这也是一笔不少的收入。另外，梁启超很有经济头脑，他有股票和投资，梁启超是天津中原公司的股东，也投资过企业。

梁启超曾对大女儿讲："今年家计总算很宽裕，除中原公司外，各种股份利息都还照常。执政府每月八百元夫马费，已送过半年，现在还不断。商务印书馆售书费两节共收到五千元。从本月起清华每月有四百元。"他还说："有两万内外资本去营业。"总之，梁启超的收入来源是多样化的。

梁启超挣钱多，在住房上也有投资，他在北京、天津、北戴河都有房产。在 1898 年，刚到日本的时候，梁启超和他的学生蔡锷等人的住房很紧张，他们经常打地铺睡觉。后来他得到日本政府的资助，住房条件有所改善，但他的夫人带着父亲、孩子来到日本后，一大家人住得非常拥挤。

1906 年，一个华侨把在神户郊区须磨海滨的"怡和山庄"别墅借给梁启超居住。梁启超和家人的居住条件才有了改善。这个别墅依山傍水，前面是蔚蓝的大海，可以听到汹涌的波涛声。后面是一座小山，可以听到松林的声音。梁启超给这个别墅起了一个非常富有诗意的名字："双涛园"。

1912 年，梁启超回到国内，他开始购置自己的房产，从 1912 年开始的十年间，他在北京拥有了几处住房。

梁启超在北京的南长街有一套房子，东单二条有一套房子，这两套房子属于私人住宅。除此之外，梁启超在清华大学还有一套办公住宅。

梁启超最喜欢的住宅是建在天津的饮冰室。饮冰室出自《庄子·人间世》，意思是在乱世中忧国事而"内热"，唯"饮冰"可解。这个房了位于当时天津的意大利租界25号，也就是现在的河北区民族路46号。饮冰室由东西并立的两座现代化的三层小洋楼组成。东楼建于1915年，西楼建于1925年，这两座房子都是由意大利建筑师白罗尼欧设计建造的。两座楼的后面有一排两层的工房，这是专门供杂役人员居住的。楼房内的布置，豪华中典雅，高贵中庄重。饮冰室有个庭院，院里有树木和花草，绿树和鲜花非常茂盛。

梁启超在饮冰室和蔡锷精心策划了护国战争，梁启超的晚年在饮冰室写了很多重要的著作，如《中国历史研究法》《清代学术概论》《先秦政治思想史》等。现在饮冰室已经全部修复，成为梁启超纪念馆了。

1925年8月，梁启超还出资一万元买下了位于小东山二路23号的章宗祥在北戴河的别墅，这是一座两层小洋楼。每年夏日，梁启超全家就到这里避暑休闲。

李蕙仙去世的第二年，梁启超在香山卧佛寺东边买了一块三十多亩的山地，在这个风景秀丽的地方，他修造了一座庄严的陵园式的墓地，为建这块墓地，他花了六千多块大洋。1929年，梁启超去世后就长眠于此。

梁启超有足够的经济实力，让一大家子人的生活无忧。梁启超家里有有五个男孩、四个女孩，一共九个孩子。除了家中的孩子之外，梁启超还抚养了亲戚家的几个孩子。还有儿媳、保姆、仆人等，家中差不多有二三十口人常住。梁启超是个好丈夫也是个好父亲，他用自己的能力给家人提供了富裕的生活，也为子女提供了最好的接受教育的机会。只要孩子们需要，梁启超就会毫不犹豫地为他们拿出足够的金钱，实现他们的想法。那个时候，去美国、加拿大留学需要一笔很大的资金，梁启超却能同时供应几个子女去美国和加拿大留学，由此可见他的财力雄厚。

梁启超是子女坚实的后盾，儿子梁思成和林徽因一起去美国留学，后来林徽因家里发生变故，林徽因的父亲不幸去世，他毫不犹豫地把林徽因的所有留学费用也负担了。梁思成学成后和林徽因结婚去欧洲旅行，梁启超开心地支付他们所有的费用，梁思永自费考古实习的费用他全部负担。梁思忠在美国留学的时候，要去法国深造，梁启超毫不犹豫地给他写信："忠忠去法国的计划，关于经费这一点毫无问题，你只管预备着便是。"对于子女的教育，他毫不犹豫地投资。

性格决定命运，也决定生活。梁启超性格平和，是性情中人，他的事业成功，家庭幸福，子女成才，人生圆满。他既不因事业而忽略家庭生活，也不因家庭生活而贻误事业。梁启超的家庭和事业相互促进。在那个封建的社会，他并不以长辈的姿态自居，而是把孩子当朋友，和他们平等地交往。他对孩子们充满了爱，他的家庭中和谐，又充满了快乐。

在家书中，可以体会到梁启超满满的爱意。他在给孩子们的信中明确地表示："你们须知你爹爹是最富于情感的人，对于你们的爱情，十二分热烈。"

梁启超晚年的家庭生活很称心，他的心情很平和，越发感到家庭生活快乐的珍贵。他说："我关于德行涵养的功夫，自中年来很经些锻炼，现在越发成熟，近于纯任自然了，我有极通达、极健强、极伟大的人生观，无论何种境遇，常常是快乐的，何况家庭环境，件件都令我十二分的愉快。"

第四章

梁家的孩子们

一门三院士，九子皆才俊

拜康有为为师，戊戌变法，思想启蒙，流亡日本，退出政坛，从事学术、文化救国，梁启超以国家兴亡为己任，他一直投身于推动国家民族运动的时代大潮中。他的号"任公"，取意"以天下为己任"。从政治上看，梁启超的一生波澜起伏，思想多变。但他的初心，却从来没有改变过。梁启超说："我的中心思想是什么呢？就是爱国。我一贯的主张是什么呢？就是救国。"梁启超是这么说的，也以此去培育孩子们的品格。

孩子是家长的缩影，什么样的家长就会培养出什么样的孩子。梁启超一心爱国，所以，梁家的子女们从父亲那里继承了很多宝贵的精神财富，其中最宝贵的财富就是爱国，他的几个孩子也像父亲一样爱国。梁启超的七个孩子都在海外学习，取得了优异的成绩。只要他们愿意，找个高薪工作易如反掌。但令人敬佩的是，这些子女学成后，没有一个留在国外发展，而是全部回到国家。在不同的领域，为国家做出贡献。

"今吾朝受命而夕饮冰，我其内热与？"梁启超的故居书斋名叫饮冰室，梁启超后期的著述大部分都在这里写成。在 1898 年到 1928 年间，梁启超的几个孩子在海外求学、生活、工作，在这段时间里，梁启超给孩子们写了大量的亲笔信，与子女们谈心，谈学问，谈做人。对于治学，相对于成功与否，梁启超更看重的是治学的态度。在给梁思成和梁思永的信中，梁启超说："汝等能升级固善，不能亦不必愤懑，但问果能用功与否。若既竭吾才，则于心无愧；若缘殆荒所致，则是自暴自弃，非吾家佳子弟矣。" 虽然梁启超是上个世纪的人物，但他的教育思想在今天看来依旧有很多值得学习的地方。

梁启超对子女的功名和文凭并没有强求。他勉励孩子们养足根本智慧，体验出人格人生观，保护好自由意志。梁启超在人格修养上，以曾国藩为榜样。他曾以曾国藩的"莫问收获，但问耕耘"训诫孩子们，"将来成就如何，现在想他作甚？着急他作甚？……我一生学问得力专在此一点，我盼望你们都能应用我这点精神。"梁启超用自己的人格品质为孩子做模范，培育孩子们的品格精神。梁启超对孩子们说："总要在社会上常常尽力，才不愧为我之爱儿……一面不可骄盈自慢，一面又不可怯弱自馁，尽自己能力做去，做到哪里是哪里，如此则可以无入而不自得，而于社会亦总有多少贡献。"

梁启超在演讲中说过，兴趣非常重要，在对社会有用的基础上，个人一定要选择自己喜欢的专业。梁启超平时给孩子们提出很多建议，他并不强求孩子按照自己的想法去做什么，而是尊重孩子们的真实想法，尊重他们的选择，尊重他们的兴趣爱好。他说："人生没乐趣，要来何用。"兴趣是最好的老师，梁启超的孩子们，并不是为了学习而学习，而是根据个人的兴趣、爱好选择了不同的专业，从事着自己喜欢的工作。他们在各自的领域里做出了不同凡响的成就。

梁思成在国外求学的时候，对所学专业产生疑惑，梁启超写信为他解决疑惑："各人自审其性之所近何如，人人发挥其个性之特长，以靖献于社会，人才、经济莫过于此。"

梁启超非常在意孩子们的品行，却不强求他们的成绩。梁启超说："你如果做成一个人，知识自然是越多越好；你如果做不成一个人，知识却是越多越坏。"梁启超的九个孩子都是品行高尚的人。梁思顺始终不肯向日本人低头。三子梁思忠，在淞沪战场浴血奋战，以身许国。

梁启超的一生投身于中华民族的复兴大业，他对孩子的要求也是如此，只要做的是对社会有用的事情，梁启超就非常支持。

梁启超是一位政治家、教育家，更是一位好父亲。他非常自信地说道："有我这样一位爹爹，是你们人生难得的幸事。"梁启超总共有九个子女成年，他的九个子女依次为：梁思顺、梁思成、梁思永、梁思忠、梁思庄、梁思达、梁思懿、梁思宁、梁思礼。其中，梁思顺、梁思成、梁思庄是梁启超的原配夫人李蕙仙生的。梁思永、梁思忠、梁思达、梁思懿、梁思宁、梁思礼是梁启超的第二个夫人王桂荃生的。这九个孩子都是了不起的人才。其中有三个儿子是院士，建筑专家梁思成、考古学家梁思永、火箭专家梁思忠。真可谓，一门三院士，九子皆才俊。

梁思顺是长女，是诗词研究专家。

梁思成是长子，是著名建筑学家，1948年3月当选为中央研究院首届院士（人文组）；妻子林徽因也是了不起的建筑学家。

梁思永是次子，是著名考古学家，1948年3月当选为中央研究院首届院士（人文组）。

梁思忠是三子，西点军校毕业，参与淞沪抗战，曾任国民党十九路军炮兵校官，因病早殇。

梁思庄是次女，是北京大学图书馆副馆长、著名图书馆学家。

梁思达是四子，是经济学家，长期从事经济学研究，与人合著《中国近代经济史》。

梁思懿是三女，从事社会活动，著名社会活动家。

梁思宁是四女，早年就读南开大学，投奔新四军参加中国革命。

梁思礼是五子，是著名火箭控制系统专家，1993年当选为中国科学院院士。

梁启超的九个孩子成年后的婚姻生活也都美满幸福。梁启超平日的工作非常忙碌，但无论多忙，在教育子女上，梁启超从来都尽心尽力，给子女写了大量的书信。

在梁启超的书信里，记载着他和孩子们生活的点滴，也记载了他对孩子们的期待。在书信里，梁启超对孩子们表达了自己对他们的爱，梁启超对子女的教育就是爱的教育。他经常对孩子们说："我爱你们""我想你们""我想我的孩子，想得厉害""我在病中想他，格外想得厉害"。

梁启超在给孩子们的来往信笺中，给每一个孩子都取了一个温暖而有爱的昵称。

他给大女儿梁思顺取爱称"大宝贝""我最爱的孩子"；三女儿梁思懿是"司马懿"，小儿子梁思礼是"老白鼻"（老baby的谐音）；二女儿梁思庄是"小宝贝庄庄"。

你们到温（哥华）那天，正是十五，一路上看着新月初升直到圆时，谅来在船上不知蹭了多少次"江上何人初见月，江月何年初照人"了。我晚上在院子里徘徊，对着月想你们，也在这里唱起来，你们听见没有？——1925 年 5 月 9 日致顺、成、永、庄书。

你们须知你爹爹是最富于情感的人，对于你们的感情，十二分热烈。你们无论功课若何忙迫，最少隔个把月总要来一封信，便几个字报报平安也好。——1927 年 6 月 15 日给孩子们书。

须知你是我第一个宝贝，你的健康和我的幸福关系大着哩。好孩子，切须听爹爹的话。——1927 年 12 月 24 日致思顺书。

你们这些孩子真是养得娇，三个礼拜不接到我的信就撅嘴了，想外面留学生两三个月不接家信不算奇怪。我进医院有三个礼拜了，再不写信，你们又不知道怎样抱怨了，所以乘今天过年时，和你们谈谈。——1928 年 1 月 22 日给孩子们书。

梁启超子女众多，但他尽量让子女们都感到平衡，不刻意偏爱哪个孩子。梁启超很细心，他会给在国外读书深造的孩子们统一写信，让大家传阅。在信中，他会把每个孩子都夸一番，就连对儿媳林徽因、大女婿周希哲也经常夸奖。

爸爸最爱的孩子梁思顺

梁思顺，字令娴，1893 年出生于广州新会，她是梁启超的长女，是梁启超最喜欢的孩子。父女之间的感情很深，就像平辈间的精神知己。

梁思顺毕业于日本女子师范学校，写有《艺蘅馆词选》五卷。梁思顺从小受到父亲梁启超的熏陶，非常喜欢诗词和音乐，是著名的诗词研讨专家。梁启超在她的成长中花费了大量的时间和心血。梁思顺长大后，成了父亲工作上的助手，同时也尽心尽力地照顾家中的弟弟妹妹。

流亡日本的时候，梁启超经常外出考察，他去过北美、澳洲、中国香港和中国澳门等地，在华侨团体中宣传改良的思想。梁思顺十六岁的时候，梁启超就带着她一起外出游历，开阔她的眼界，增加她的见识。

1911 年，辛亥革命前夕，梁启超等到了回国的机会。1911 年 9 月，梁启超带着一些幕僚回到大连和沈阳，但因为国内的环境并不安全，他很快就返回了日本。在梁启超外出的这段时间里，他把家书直接都写给了梁思顺。1912年10月8日，梁启超结束了长达十四年的流亡生活，从天津登陆回到国内，那个时候，他已经快四十岁了。梁启超回国的时候，只带着二弟梁启勋和一些幕僚，他的家人孩子都在日本。回国后，梁启超受到社会各界的热烈欢迎，到达天津三天的时间里，门房记录拜访的客人达到了两百多人。随后的宴请和演说越来越多，梁启超累得牙疼，于是，他向梁思顺抱怨这些应酬叫他头疼不已。

梁启超和二弟梁启勋回国后，由于语言的问题，在北京和天津与外界的交往很不方便。他很希望李夫人能回国帮他处理各种事情。但因为梁思顺的学业尚未结束，回国会耽误她的学业，梁启超不放心让李夫人回国，而把梁思顺独自留在日本。所以，他让全家继续留在日本，等着梁思顺完成学业后再回国，可见，梁启超的一切计划都以梁思顺的学业为重。

在这段时间里，梁启超给家人写的信，大部分都是写给梁思顺的。梁启超写给梁思顺的信里充满了父爱，信中常常可以看到"宝贝思顺""Baby思顺"等词。在写给梁思顺的信中，梁启超把自己的思考都记录成文字，把对家人和朋友不说的话都写给梁思顺。

1912年，梁启超在写给梁思顺的信里，指定了宪法行政学、经济学、法学作为梁思顺一定要学习的学科，由此可以知道梁启超对梁思顺的期待，希望梁思顺学有所成，有足够的能力辅助自己工作。梁思顺不但是梁启超实际上的助手，而且还是精神上的朋友，梁启超所有的心情都向梁思顺吐露。

1913年，在国会议员选举中，共和党败给国民党。梁启超给梁思顺写信说："吾党败矣。吾心力俱瘁（敌人以暴力及金钱胜我耳）……吾每不适，则呼汝名，聊以自慰，吾本不欲告汝，但写信亦略解吾烦忧也。"

梁启超的大女婿周希哲，是马来西亚华侨。周希哲的家境清贫，早期在海轮上做个普通的小职员，因为拥护维新变法，所以被维新派资助去日本留学。后来又去美国留学，获得了哥伦比亚大学国际法学博士学位。1912年，梁启超带着周希哲回国，周希哲是梁启超的助手也是他的翻译，周希哲的英语、日语、粤语都非常流利，其中英语最好，但汉语不行。因为能力很强，为人正直，所以被梁启超看中，介绍给梁思顺，周希哲和梁思顺的恋爱和婚姻是梁启超促成的，梁启超一直很看重周希哲这个女婿。

很多年后，梁启超在写给女儿梁思顺的信中说："对于你们的婚姻，我得意得了不得，我觉得我的方法好极了，由我留心观察看定一个人，给你们介绍，最后的决定在你们自己，我想这真是理想的婚姻制度。好孩子，你想希哲如何？老夫眼力不错吧。"

梁启超对梁思顺非常偏爱，对她的事处处上心。梁启超在德国租界租好房子，这个房子是两层的，一共六个房间，每间都很大。梁启超和夫人李蕙仙、女儿思顺住楼上，梁启超专门给梁思顺安排好了房间。1913年4月18日，梁启超给梁思顺写信："汝之书房亦极大，吾将汝卧榻并置其中，将精心结撰为汝布置之。吾预备五百金交某先生及希哲为汝布置，而吾指挥之。""吾决不容在汝室中设两榻，如是则吾之意匠全破坏，不复成一精室矣。"

随后几天，梁启超又给梁思顺写了两封信，专门谈起她的卧室："吾三日未作书与汝，亦三日未得汝禀，想汝学课正忙耶？……汝精室吾已布置毕，极可喜。吾苦不能脱离政界，不尔则携汝隐于津，为乐且无极也。""汝之精室，吾布置得极为满意。可惜花时已过，欲布置稍好之盆栽，竟不可得也。……汝之精室布置极惬意，已费八百金矣。此外全家家具费乃不满二百金。吾之书房，即在汝室旁，试思吾之宝贝归来，吾岂肯令其离我寸步者。……汝之铺盖缓取无妨，吾于汝帷帐被褥皆别置备。"

在信中，可以看见梁启超的慈父形象，尽可能地把最好的东西留给梁思顺，有这样的体贴细致的父亲，真是幸福。

1914年左右，梁思顺与周希哲结婚。梁启超舍不得女儿出嫁，周希哲就成了上门女婿。婚礼上，周希哲坐花轿到梁家结婚。结婚后，梁思顺生的四个孩子，都跟周希哲的姓。周希哲和梁思顺的日常交流以英语和粤语为主。梁思顺结婚以后，梁启超对女儿、女婿依旧体贴关怀。结婚后，梁思顺和丈夫的感情很好，周希哲总是先给她上菜，然后再招呼客人或孩子，结婚后很多年，他一直保持着这样的习惯。梁思顺最后一次怀孕的时候已经三十五岁了，在当时是高龄产妇，周希哲很担心，于是对她做了很多限制。梁思顺经常向梁启超谈起这些事，抱怨丈夫管得太多。梁启超看到夫妻两人感情好，非常高兴，知道她秀恩爱的成分大于抱怨的成分。梁思顺是幸福的，是父亲的掌上明珠，结婚后又有一个疼爱她的丈夫。

北洋政府时期，周希哲长期担任驻缅甸、菲律宾、加拿大的领事和总领事，梁思顺随同周希哲一起去他上任的菲律宾和加拿大等国家。这期间，梁思顺与梁启超的通信来往非常频繁。

你报告希哲在那边商民爱戴的情形，令我喜欢得了不得……希哲当领事真是模范领事……这样勤勤恳恳做他本分的事，便是天地间堂堂的一个人。我实在喜他……对于你们的婚姻，我得意得了不得，我觉得我的方法好极了，由我留心观察看定一个人，给你们介绍，最后的决定在你们自己，我想这真是理想的婚姻制度。好孩子，你想希哲如何？老夫眼力不错吧……

有人说希哲已调新加坡了，我尚未见政府公报，但恐是真的……在希哲方面正如古人所谓怀往本州（衣锦怀乡），但我的孩子怕受不了那种炎热，我有点不愿意。打算一二日内找顾少川一谈，看他能收回成命否？你们意思怎样？我不管如何，姑且和他一说，若不能换回，则亦听他，你说好吗？

今日我晤顾少川，他说因希哲办事得力，所以升调。……我说此自是部中美意，希哲还治本州亦非常荣幸，但我不愿意我的爱女在太热地方，希望他勿调或暂留。他说，调令已发。但我既有此要求，他当与部员一商设法云云。我再三声明是我个人意思，不是你们意思。请他勿误会。我想还是不调的好，是不是呢？据现在情形，稍迟几个月乃调，大概是办得到的，在这期间内尽可以从容设法，你们意思怎样？赶紧写信来，我替你做主。

在信中可以看出梁启超对孩子的关心。他担心梁思顺不适应热带地区的生活，便找外交总长顾维钧帮忙，把他们换个地方。梁思顺来信告诉他，自己和丈夫周希哲对新的地方没有意见，梁启超才放心了，孩子们既然对新的地方没有意见，那就不用再找人帮忙了。

梁启超很了解周希哲，知道他的个性和才能，也了解他在工作中的苦恼。梁启超曾经很委婉地给周希哲提出了一些职业发展的建议。梁启超认为"希哲之才，在外交官方面在实业方面皆可自立"。他对梁思顺说："吾日来极感希哲有辞职之必要，盖此种鸡肋之官，食之无味，且北京政府倾覆在即，虽不辞亦不能久，况无款可领耶？希哲具有实业上之才能，若更做数年官，恐将经商机会耽搁，深为可惜。汝试以此意告希哲，若谓然，不妨步步为收束计（自然非立刻便辞）。"

梁启超认为他很有做实业的才能，建议他可以在实业上好好发展。做官也许会影响到他经商的机会。对女婿周希哲的工作问题，梁启超提了很多建议，当时，梁启超很看好东三省，感觉在那里会有很好的前途。1928 年 9 月 2 日，梁启超在信中说："希哲回来做生意，没有第二个地方比东三省再好了，思成已经先在那边栽下来一个根子，你们将来更方便了……若有人好生接洽美国的农具工厂，谅来没有不欢迎的，他们正要办这件事，昨天晚上罗××从奉天来才和我谈起，我想希哲在那边若有门路不妨兜揽这件事，目前即可以得到相当的佣钱，以后和垦务发生关系，发展的机会更不知多少。还有北满的森林，若有木材公司想合办也是有办法的，这些话我告诉你们留意，你们若能找着投资的人，我这边总有信介绍。东三省现在采用不管关内的方针，照此下去十年，生产力发达不可限量。"

建议后，梁启超又说："这只不过是我一时的想法，仅供你们夫妻参考，并不是马上要做的事。"梁启超很明智，他知道决定权在当事人的手中，只是建议，并不干涉子女的生活。梁启超非常关心孩子们的学业、生活、交友，但更尊重他们的选择。梁启超曾问女儿："好孩子，你说我往后是少管你们闲事好呀，还是多操心呢？"梁启超希望希哲辞去外交官，去实业界另谋发展。在北洋政府垮台之后，周希哲面临着去留的问题，梁启超再次劝他下海经商，还想着借助自己的人脉关系，帮助女婿周希哲铺上一条路。遗憾的是，由于梁启超突然病逝，这些计划都落空了。

1928 年的秋天，梁启超一直被疾病折磨着，非常痛苦。当他听说女婿周希哲的工作有变动，大女儿梁思顺要回国了，非常高兴地写了一封信给她："我平常想你还自可，每到发病时便特别想得厉害，觉得像是若顺儿在旁边，我向她撒一撒娇，苦痛便减少许多。但因为你事实上既未能回家，我总不愿意说这种话。现在好了，我的顺儿最少总有三五年依着我膝下，还带着一群可爱的孩子——小小白鼻接上老白鼻——常常跟我玩。我想起八个月以后家里的新生活，已经眉飞色舞了。"

梁启超建议梁思顺全家回国后不必在天津另外买房子，直接住在家里就行，因为家里有足够的地方住，只要家里不空着，就是最大快乐。

梁思顺是梁启超最大的孩子，也是孩子们的大姐。她得到了父母的宠爱。她没有辜负父亲的爱和期待，她把这些爱反馈到家里，照顾生病的母亲。梁思顺的母亲去世后，她在家中的很多地方担起了母亲的职责，照顾弟弟妹妹们，成为他们坚实的依靠，为梁启超分担了很多家庭事务。

1915 年，李蕙仙得了乳腺癌，当时周希哲在菲律宾任领事。梁思顺一家住在菲律宾，于是李蕙仙去菲律宾首都马尼拉做了切除手术。梁思顺悉心地照顾着母亲，无论是吃住，还是住院做手术，都是全程陪护。1924 年初，李蕙仙癌症复发，她病得很重，无法进行手术，协和医院的医生束手无策。梁思顺回家探亲，从 4 月开始一直到 9 月 13 日李蕙仙病逝，梁思顺一直在家中照顾母亲。这段时间，为了照顾好母亲，她自己的三个年幼的孩子都放到了一边。对于父母，梁思顺做到了尽心尽力。

1925 年，梁思顺的丈夫周希哲去加拿大任职，梁思顺随行。临行的时候，梁思顺把妹妹梁思庄也带到了加拿大。那年梁思庄十七岁，她们并不知道，这次离开家，是两人和父亲的最后一次见面。梁思庄在加拿大读书的时候，住在思顺的家里，几年后转入美国的大学读书。

1924年，梁思成和林徽因到美国留学，梁思顺也经常关照他们。有梁思顺的关照，梁启超非常欣慰，他对子女独自去海外留学的担忧少了几分。再后来，梁思永、梁思忠也去美国留学。梁思顺非常关心四个弟妹的学业生活，经常请弟弟、妹妹到加拿大度假，给他们精神上的安慰。梁思顺去美国看望弟弟、妹妹们。她是个称职的长姐，是梁启超最好的助手。

那段时间，梁启超写给孩子们的信件大多写给了梁思顺，由她转交给弟弟、妹妹，或者是由她看后告诉弟弟、妹妹。给孩子们留学的钱，也寄给梁思顺，让她管理，可见对她的信任。

1928年，梁思成和林徽因在加拿大结婚，那个时候，梁思顺已经怀孕七个月，自己也需要照顾，但她还是尽心尽力地安排梁思成和林徽因的婚礼。在梁思顺的操办下，婚礼办得极庄严、极美丽，梁启超非常满意。

梁思顺受到梁启超格外的关爱，她成家后，对父亲的爱进行回报，梁思顺对梁启超的经济非常关照。梁启超看上的房子，手头的钱一时周转不过来，梁思顺毫不犹豫地说愿意拿出五千元，虽然最后梁启超没有要她的钱，但可以看出梁思顺对梁启超的关心。

梁启超晚年的时候，几个子女都去国外留学，国内的几个小孩子也长大了，家里的开支越来越多。梁思顺对梁启超非常贴心，她感觉梁启超的年纪渐老，身体大不如从前，挣钱不如以前那么多。1928年，梁思顺说，从7月开始，她要承担起娘家全部家用的开销。梁启超拒绝了，说以后不够用的时候，再告诉她们。梁启超去世后，梁思顺把梁启超的书信保留得很好，可以让后人更加全面地了解到梁启超的内心世界，可见梁思顺对父亲的爱。

难怪梁启超在给梁思顺的信中说："你虽是受父母特别的爱（其实也不算特别，我近来爱弟妹们也并不下于爱你），但你的报答也算很够了。妈妈几次得病，都是你一个人服侍，最后半年多衣不解带地送妈妈寿终正寝。对于我呢，你几十年来常常给我精神上无限的安慰喜悦，这几年来把几个弟弟、妹妹交给你，省我多少操劳……这样女孩儿，真是比别人家男孩还得力十倍。"

梁思顺和周希哲的生活非常幸福，但1938年，梁思顺的丈夫周希哲意外早逝世，她独自抚养四个孩子，虽然生活很困难，但她坚决不为日本人做事；抗战胜利后，梁思顺又拒绝当"国大"的代表，还向解放区捐赠衣物。梁思顺热心参加社会的公益事业，她参加过北京女青年防痨协会。中华人民共和国成立后，梁思顺又担任中国文史馆馆员，年过花甲还积极参加各种社会活动。

梁思顺编有《艺蘅馆词选》，1908年初版，以后又多次再版，是研究梁启超学术思想的重要参考资料。

梁思成与林徽因

1901 年 4 月，长子梁思成在日本出生，那个时候，梁启超正在日本流亡。梁思成的出生给这个在日本流亡的家庭带来了希望。作为长子，梁启超对他寄予了厚爱和厚望。梁启超给他取名梁思成，就是希望他多多思考，最终事业有成。民国成立后，梁启超满怀希望回到国内，准备施展他的才华，实现自己的政治理想。他先在天津住了一段时间后，就全家搬到了北京。1915 年，梁思成考进清华学校，开始了他的求学生涯，那个时候，清华的学制是八年。

梁思成是个才华出众的人，在清华大学求学期间非常活跃，他的兴趣爱好非常广泛，他对音乐、体育、美术的兴趣很浓，是个全才，他积极参加学校的各种活动，取得了不错的成绩。清华学校人才济济，群星闪烁，梁思成就是那颗最亮的星星。梁思成的体育很出色，是清华大学有名的足球健将，在全校运动会上，梁思成曾经获得撑杆跳高第一名，他的器械运动技能非常精湛。梁思成的体操也十分出色，单杠、双杠技巧在同学中出类拔萃。梁思成在音乐方面也很有成就，学过小提琴、钢琴。他和黄自等人组织了一个合唱团，是校歌咏队的成员之一。后来学校成立了管弦乐队，梁思成是第一小号手，并且担任了队长。在所有的兴趣爱好中，梁思成的美术是最出色的，美术老师对他非常赏识。他是校美术社的骨干，担任校刊的美术编辑，参与清华大学王国维先生纪念碑的设计，他还写了一手好字。他的美术才华为他后来选择的建筑专业打下了坚实的基础。

梁思成是学生运动的领袖之一，在 1919 年的五四运动中，梁思成是清华"爱国十人团"和"义勇军"等社团的骨干成员。由于梁思成具有冷静而敏锐的政治头脑，所以他被同学们誉为"一个有政治头脑的艺术家"。

梁启超对孩子们的婚姻大事，非常关心。梁思成十七岁的时候，梁启超带他到多年的好友林长民的家里做客，去认识一下林的女儿林徽因。林长民毕业于日本的早稻田大学，他的专业是政治和经济。1917年林长民任北洋政府司法总长，梁启超任财政总长。林长民和梁启超都在日本生活过多年，在政治上都有理想和抱负，希望改变中国的现状，他们政见一致，社会地位也相当。梁启超和林长民惺惺相惜，愿意把两人之间的关系更推进一步——结成儿女亲家。梁思成与林徽因差三岁，两位父亲也是差三岁。

在林家的书房里，梁思成第一次见到了十四岁的林徽因。林徽因是个美丽而有灵性的女孩子，她宛若清水出芙蓉般的仙子，集美貌、书卷气于一身。更为难得的是，林徽因有思想，受到过最好的教育，见识远远高于同时代的女子。她五岁诵读诗书，六岁用文言文给父亲写信，八岁进入当时最时尚的西式小学，十二岁进入教会中学，十六岁和父亲一起游览欧洲，在英国，她定下了未来要做一个建筑师的目标。

二十岁用英语演出泰戈尔的剧目，接着和梁思成一起赴美留学，拿到美国学位，回国后做出一番成就。在当时，能像林徽因那样漂洋过海，接受良好教育的女性可谓凤毛麟角，林徽因是其中最优秀的一位。她博览群书，喜欢文学，对当代文学有独到的见解，她才华横溢。梁思成对她一见钟情。

梁家和林家门当户对，也是世交。在双方家长的支持下，梁思成与林徽因开始交往。但梁启超在介绍两人认识的同时，明确告诉他们：尽管两位父亲都赞成这门亲事，但最后还得由他们自己做决定。后来，林徽因随父亲去了英国，从英国回来后，她再一次见到梁思成。这时，两个志同道合的父亲，开始筹划他们的学业和未来。他们想着梁思成毕业后，就去美国留学深造，先立业，在社会上有了立足之地后再成家。

梁思成和林徽因谈论未来的专业，当时的教育风气深受传统文化的影响，"多说道理，少说知识，多说人生，少说宇宙，崇尚空谈，不求务实。"在这样大环境的影响下，梁思成想继承父业，学习西方的政治，将来做一个政治家。但跟随父亲游历过欧洲，接受了欧洲最新思想的林徽因，却很有主张，她告诉梁思成，以后准备学习建筑。梁思成很吃惊，这是他第一次听说过建筑。

林徽因告诉梁思成，在英国的时候，她认识了一个叫黛丝的朋友，黛丝说："建筑是一门艺术，像诗歌和绘画一样，和盖房子不是一回事，它也有自己独特的语言。"林徽因受伦敦房东的影响特别深，她的房东是个女建筑师。在和女建筑师的交谈中，林徽因知道了建筑师与盖房子人的区别，懂得了建筑与艺术密不可分。有了这样的见识，再去回想她在国内外看过的庙宇和殿堂，林徽因就有了不同的理解和感受，于是，林徽因萌生出了对未来事业的朦胧愿望。林徽因对思成谈起了她所知道的建筑，谈起了欧洲大陆那些"凝固的音乐"和"石头的史诗"。她觉得建筑是一个"把艺术创造与人的日常需要结合在一起的工作"。而且建筑所需的不只是奔放的创造力，更需严谨的测量，技术的平衡以及为他人设想的体恤和巧思，这能让人的聪慧、才干和天分都得以施展。

梁思成很喜欢绘画，听了林徽因的一番话后，触动很深。于是，梁思成决定了自己的专业选择，和林徽因一起到美国学习建筑，共同的爱好使得他们的关系进一步加深。许多年过去后，梁思成以其开拓性的成就被公认为中国建筑学界的权威专家，可他常常向朋友谈起，他最初的选择是因为林徽因。他说，那时林徽因刚从英国回来，"在交谈中，她谈到以后要学建筑。我当时连建筑是什么还不知道。徽因告诉我，那是包括艺术和工程技术为一体的一门学科。因为我喜爱绘画，所以我也选择了建筑这个专业。"

然而，造化弄人，一次飞来的车祸给梁思成带来了巨大的痛苦。1923年5月7日，星期一，梁思成骑着从菲律宾买来的摩托车，带着弟弟梁思永去参加"五七国耻日"的游行，当他们骑摩托驶过长安街时，被一辆轿车迎面撞倒。摩托车被撞翻，梁思成被压在下面，弟弟梁思永则被甩出去很远，等梁思永起来后发现梁思成已经不省人事了。医院大夫诊断的结果很快就出来了，梁思永问题不大，很快就可以出院，但梁思成的右腿伤得很重，至少需要在医院住上八个星期。这样，他出国留学的计划就受到了耽搁。梁启超认为他的处境太顺了，有些小挫折也是磨练德性的好机会。梁启超说："处忧患最是人生幸事，能使人精神振奋，志气强立。"他期望孩子能以平常心看待挫折，因为困难也是一笔财富。必须正确对待才不会消磨掉人的斗志。

在梁启超的劝导下，梁思成振作起来。林长民和夫人也去医院看望他，林徽因为了照顾梁思成，从学校请了一周假，每天都守在梁思成的床边，为他喂饭，换洗，帮他翻身，热心地同他谈话，开玩笑或安慰他，还经常给梁思成读报纸。由于林徽因的精心照顾，梁思成的心情非常好，身体康复得很快，他对林徽因说："只要能和你在一起，那就是我三生有幸。"两个人之间的感情开始加深，从那时起，林徽因和梁思成开始形影不离了。

然而，好事多磨，他们的婚姻遇到了阻力。梁思成的母亲知道了林徽因和徐志摩之间的往事，对林徽因有些不满。受到她的影响，梁思顺也不赞成他们的婚姻。面对着夫人的反对，梁启超很无奈，他只能慢慢劝解。于是，他给梁思顺写了很多信，协调她和林徽因之间的关系，劝说梁思顺接纳林徽因。

1923 年，梁思成毕业于清华大学，1924 年梁思成、林徽因还有梁思成的清华同窗好友陈植到美国宾夕法尼亚大学建筑系学习建筑。宾夕法尼亚大学是八所常春藤盟校之一，创立于 18 世纪，它与哈佛和斯坦福大学被认为是全美最好的三所大学。但由于学校的建筑系不招收女生，林徽因只好改报了宾大的美术系，同时选修了建筑系的主要课程。

梁思成和他的父亲梁启超一样，是个严谨的人，很快就适应了学校刻板、单调的生活，他做事非常认真、投入，在学习中找到了乐趣，并沉迷其中。他把所有的时间都泡在图书馆里，过着几乎与世隔绝的书斋生活，他的努力，为他以后成为一代建筑大师奠定了坚实的基础。

林徽因也不断地努力，虽然她不像梁思成那样有清华美术社的功底，也没有绘画和制图的基础，但天资聪明的她悟性很好，几乎是从头学起，很快就有了成就，教绘画的老师对她评价很高。

　　两人在学习之余感情也在加深，梁思成对林徽因很有耐心，每次约会，他都要在林徽因楼下等上二三十分钟，因为林徽因注重形象，需要很长时间打扮。梁思永曾经送他们一副对联："林小姐千装万扮始出来，梁公子一等再等终成配"，横批是"诚心诚意"。梁思成和林徽因两人之间的差异非常明显，梁思成是个严谨用功的学生，而林徽因则是满脑子创造性的联想。林徽因常常灵感不断，她会很快想到好的创意，接着先画一张草图，然后又多次修改，最终却很苦恼，感觉开始的设计难以完成。每当这个时候，梁思成总会走到她的身边，把林徽因绘制一半的草图拿起来，用他准确的绘图功夫稍加修改，便勾画成一张精致而又整齐的作品。

　　林徽因承认自己是个兴奋型的人，而梁思成的沉稳正好和她形成了最好的互补，他们合作默契，在以后的工作和事业中，他们之间的这种默契一直保持了一生。梁思成在音乐和绘画方面都有很好的修养，宾大要求学生自由地设计作品，他的第一件作品是给林徽因做了面仿古铜镜，表达自己的爱。那是用现代的圆玻璃镜面镶嵌在仿古铜镜里合成的，铜镜正中刻着两个云冈石窟中的飞天浮雕，飞天的外围是一圈卷草饰，与飞天组合成完美的圆形图案，图案中间刻着："徽因自鉴之用。民国十七年元旦思成自镌并铸喻其晶莹不珏也。"当林徽因接过这个精美作品的时候，她爱不释手，惊奇地赞叹道："这件假古董简直可以乱真啦。"梁思成听后非常得意。

　　梁启超非常关心梁思成的学业和生活，他在信中说道："关于思成学业，我有点意见。思成所学太专门了，我愿意你趁毕业后一两年，分出点光阴多学些常识，尤其是文学或人文科学中之某部门，稍微多用点工夫。我怕你因所学太专门之故，把生活也弄成近于单调，太单调的生活，容易厌倦，厌倦即为苦恼，乃至堕落之根源。再者，一个人想要交友取益，或读书取益，也要方面稍多，才有接谈交换，或开卷引进的机会。不独朋友而已，即如在家庭里头，像你有我这样一位爹爹，也属人生难逢的幸福，若你的学问兴味太过单调，将来也会和我相对词竭，不能领着我的教训，你全生活中本来应享的乐趣，也削减不少了。我是学问趣味方面极多的人，我之所以不能专积有成者在此，然而我的生活内容异常丰富，能够永久保持不厌不倦的精神，亦未始不在此。我每历若干时候，趣味转过新方面，便觉得像换个新生命，如朝旭升天，如新荷出水，我自觉这种生活是极可爱的、极有价值的。我虽不愿你们学我那泛滥无归的短处，但最少也想你们参采我那烂漫向荣的长处。"

在信中，梁启超对孩子们谈论学业和生活，可以看出他既尊重子女的选择，又不放弃引导和教育的责任，用自己做例子，给孩子们提出好的建议。这种方法对人们很有借鉴意义。

从 1926 年春季班开始，林徽因担任建筑系教授的助理，下学期的时候，她已经是建筑设计课的辅导员了。她打破了宾夕法尼亚大学建筑系不招收女生的校规，从第一年开始，就和梁思成一起上建筑课了。宾大建筑系的老师曾夸奖他们两个设计的建筑图纸非常完美，叫人无懈可击。

正当两人在海外比翼齐飞的时候，一个飞来的横祸叫人措手不及。林徽因的父亲林长民猝然去世了，他是为躲避北京的一次政变，跑到东北去的时候，被流弹击中丧命的，当时才四十九岁，正是年轻有为的时候。

林长民身后的惨状令人担忧，家里只有三百元现金，按照当时的消费，很快就会用完。两房太太都是家庭妇女，根本没有养家糊口的能力。孩子们年纪还很小，他们不知道家里到底发生了什么事，更不知道父亲的离去，会对他们今后的生活有什么样的影响，虽然披麻戴孝，却在灵堂上嬉闹翻跟头，全然不知道未来生活的艰辛。梁启超上书政府，为他筹集款项，缓解了家中一时的危机，解决了林家的燃眉之急。林徽因的父亲林长民离去后，梁启超第一时间给他们写信。他对梁思成说："你要自己十分镇静，不可因刺激太剧，致伤自己的身体"，"徽因遭此惨痛，唯一的伴侣，唯一的安慰，就只靠你。你要自己镇静着，才能安慰她"。梁启超告诉林徽因，会把她当女儿，承担起她在国外留学的费用，还单独给林徽因写信开导劝解。

林长民去世后，林家发生了巨大的变化，他的第二个夫人将带着她的孩子回到福建老家，林徽因的亲生母亲，将在今后的有生之年依靠林徽因过活。随着父亲的离去，林徽因也失去了强大的经济后盾。父亲走后，林徽因最放心不下的就是母亲，几次想回国安慰她，一颗心一直牵挂着她，成家后的第一件事就是把母亲接到身边供养。

失去丈夫的何雪媛，再三地叮嘱远在美国的林徽因，务必安心求学，"只盼徽因安命，自己保养身体，此时不必回国。"从这点上看，虽然何雪媛是个足不出户的家庭妇女，但却很有见识，不愿意因为家庭的变故而耽误孩子的学业前途。林徽因发现自己是家里唯一的经济来源和依靠，她准备休学打工一年，缓解经济压力，但梁启超劝阻她要以学业为重。从此，林徽因全身心地投入到学习中去。在这个时候，梁思成坚定地站在林徽因的身后，他计划着尽快完成学业，找到工作供养家庭，梁思成把梁启超的计划告诉了林徽因。梁启超在信中，对梁思成和林徽因说："你们现在必定已经意识到，今后的一切计划都将受到影响。"梁思成对个人前途的关切丝毫不亚于父亲。宾大给了他建筑师的资格，但他还想在美国多待上几个月，以便学会如何教书。

林徽因和梁思成在美国的大学里是最优秀的学生，尤其是梁思成，天资聪明，才华横溢而又非常刻苦，他的两个设计方案都获得了学院的金奖，在学院的历史上非常罕见。他的才华得到了丰厚的回报，还没有走出校门，就接到了克雷教授的建筑事务所的邀请，获得非常好的工作机会。他们可以凭借优越的成绩，选择留在美国继续深造。他们准备在美国拿到更高的学位后回国，用所学的知识，报效多灾多难的祖国。梁思成在 1927 年 8 月向哈佛的科学和艺术研究生院提出了入学申请，他的目的是"研究东方建筑。对于那些大厦的研究及其保护的极端重要性促使我做此选择"，他的申请通过了。

很快，两个人都完成了自己的学业，拿到了学位，那场酝酿多时的正式订婚的时刻来临了。看到两人之间关系的水到渠成，梁启超非常欣慰，他在给梁思顺的信中说："我也很爱徽因，我已经把她当成我的女儿，一个非常可爱的女儿……老夫的眼力非常不错，徽因将会是我的第二个成功。" 梁启超经常把确定关系的梁思成、林徽因放在一起说，充满了长辈的慈爱。

梁启超所说的第一个成功，指的是梁思顺的婚事。梁启超为梁思顺选择了如意夫君周希哲。在儿女的婚事上，他不是像传统的父母那样为孩子做主，而是尊重孩子们的选择。梁启超想出了一套独特的方法，先通过自己的细心观察，看好一个人，为孩子选择合适的人选。然后，他把这个人选介绍给孩子，让孩子们自己交往、判断，把最终的决定权交给孩子，让孩子自己选择，而不是包办孩子们的婚姻。梁启超认为"这真是理想的婚姻制度"。

梁思成是梁家的长子，林徽因又是梁启超的老朋友林长民的孩子，梁启超很欣赏她，这么优秀的才女，终于成了自己家中的成员，梁启超非常欣慰。

对儿子梁思成的婚事，梁启超非常重视。因为梁思成是长子，是要继承他"全部的人格和名誉"的，另外，林徽因是林长民的孩子，她刚经历了丧父之痛，梁启超很在乎她的感受。当初林家希望早点订婚并举行婚礼。但梁启超认为孩子的学业和前途更重要，所以，他主张梁思成和林徽因继续求学，学业完成后再订婚，然后结婚。梁启超考虑到梁思成的专业，也许不容易找到合适的工作。于是，梁启超说："你们姐妹弟兄个个结婚后都跟着我在家里几年，等到生计完全自立后，再实行创造新家庭。"但林家发生了变故，使得梁启超的计划发生了变化。他希望梁思成能找到工作，因为"思成结婚后不能不迎养徽因之母，立刻便须自立门户"。

梁启超为孩子们考虑得非常细致周全。他有时候也说"太费心力了"，"老年心血都会被你们绞尽了"，但他还是继续操心。当时，梁思成和林徽因正在美国读书，不方便回国举办婚礼，梁启超就提议把婚礼安排在加拿大。因为林长民是基督教徒，林徽因和梁思成在国外接受西方的教育，所以梁启超建议婚礼在最大的教堂举行，由梁思顺和周希哲夫妇代为操办。梁启超建议他们婚后去欧洲度蜜月，正好也可以对外国的建筑进行考察，学业、家庭两不误。

梁启超的兴奋、激动溢满笔端，不厌其烦地一次次给孩子们写信，梁启超为他们的婚礼做了详细的安排，从订婚仪式到婚礼筹备，到蜜月旅行，到费用开销，全都考虑周到。在这些信里，可见梁启超非常喜欢林徽因，既重视又满意。

梁启超在给梁思成的信里说得很清楚，要严格遵守所有的传统习俗。梁启超对婚事非常关心，专门请了一位懂行的朋友给两个人对八字，找出两人的出生地点、时间以及上三代的名字。梁启超还买了两块名贵的玉佩和一对玉英作为订婚典礼的信物。梁思成和林徽因虽然远在大洋的彼岸，但礼仪依旧非常隆重。"因婚礼十有八九是在美举行，所以此次文定礼特别庄严慎重些。晨起谒祖告聘，男女两家皆用全帖遍拜长亲，午间宴大宾，晚间家族欢宴。"

梁启超将一份祭告祖先的帖子寄给了梁思成，让他保管。两人的订婚仪式按照中国的老规矩进行，由国内的亲人为他们操办。梁启超为两个人办完订婚仪式后，提笔给他们写信，商议两个人举办婚礼的大小事务。梁启超给梁思成写信说："你们若在教堂行礼，思成的名字便用我的全名，用外国习惯叫做'思成·梁启超'，表示你以长子资格继承我全部的人格和名誉。"

为了帮助梁思成和林徽因了解西洋美术及建筑，梁启超专门给他们筹集了五千美金，让毕业新婚的梁思成、林徽因取道欧洲回国，兼度蜜月和考察。那个时候，距离梁启超去世只有一年的时间，他身患肾病，经常便血，非常痛苦。梁家的家境也不如以前那么富有，经济有些紧张，但他依旧对梁思成和林徽因的婚礼事无巨细地关心和嘱咐。梁启超在信中说："这几天为你们聘礼，我精神上十分愉快……婚礼只要庄严不要侈靡，衣服首饰之类，只要相当过得去便够，一切都等回家再行补办，宁可从中节省点钱作行旅费。你们由欧洲归国的行程，我替你们打算，到英国后折往瑞典、挪威一行，因北欧极有特色，市政亦极严整有新意（新造之市，建筑上最有意思者为南美诸国，可惜力量不能供此游，次则北欧特可观），必须一住。由是入德国，除几个古都市外，莱茵河畔著名堡垒最好能参观一二。回头折入瑞士，看些天然之美，再入意大利，多耽搁些日子，把文艺复兴时代的美，彻底研究了解。最后便回到法国，在马赛上船（到西班牙也好，刘子楷在那里当公使，招待极方便，中世及近世初期的欧洲文化实以西班牙为中心），中间最好能腾出时间和金钱到土耳其一行，看看伊斯兰教的建筑和美术，附带着看看土耳其革命后的政治（替我）。关于这一点，最好能查得一两部极简明的书（英文的）回来讲给我听听。" 在孩子的教育和前途上，梁启超可谓竭尽全力。

人们常说："文章是自己的好，老婆是人家的好。"梁思成的却说："文章是老婆的好，老婆是自己的好。"一起在美国留学的同学说过："思成能赢得她的芳心，连我们这些同学都为之自豪，要知道林徽因的追求者之多，犹如过江之鲫，竞争可谓异常激烈。"

结婚的时候，梁思成问林徽因："有一句话，我只问这一次，以后都不会再问，为什么是我？"

林徽因是个聪明智慧的女子，她的回答值得细细品味："答案很长，我得用一生去回答你，准备好听了吗？"

1928 年 3 月，梁思成和林徽因在加拿大渥太华举行了婚礼。林徽因没有穿西式婚纱，但在加拿大，她又买不到中式婚纱，于是，心灵手巧的林徽因自己设计了一套婚服。长长的裙摆曳地，领口和袖口都绣有中国古典盘花纹样，婚服的头饰是用洁白的绢纱配着秀气的冠冕一样的帽子，帽子中间是美丽的红璎珞。

林徽因穿着这件别致的婚服举行了婚礼，一对新人就此携手走向新的生活。从此，他们的生活和事业，完美地融合在一起。婚后，按照梁启超的安排，他们一起踏上了欧洲的蜜月之旅。这次欧洲之行对他们今后的生活和工作都产生了深远的影响，这两个中国未来最优秀的建筑大师，遍访了欧洲最有名的建筑物，吸取了欧洲建筑风格的精华，开拓了视野。在欧洲旅游期间，两个人来去匆匆，很久没有和家里联系。随着行程的增加，两个人非常疲惫，钱也越花越多，他们开始考虑缩短行程，尽快回国。

中国驻西班牙使馆收到了梁启超的两封信，他一直在北京养病，给儿女们写信是他排解寂寞的方式。

我将近两个月没有写"孩子们"的信了，今最可以告慰你们的是，我的体子静养极有进步，半月前入协和灌血并检查，灌血后红血球竟增至四百二十万，和平常健康人一样了。你们远游中得此消息，一定高兴百倍。思成和你们姊姊报告结婚情形的信，都收到了，一家的家嗣成此大礼，老人欣悦情怀可想而知。尤其令我喜欢者，我以素来偏爱女孩之人，今又添了一位法律上的女儿，其可爱与我原有的女儿们相等，真是我全生涯中极愉快的一件事。

你们结婚后，我有两件新希望：头一件你们俩体子都不甚好，希望因生理变化作用，在将来健康上开一新纪元；第二件你们俩从前都有小孩子脾气，爱吵嘴，现在完全成人了，希望全变成大人样子，处处互相体贴，造成终身和睦安乐的基础。这两件希望，我想总能达到的。近来成绩如何，我盼望在没有和你们见面之前，先得着满意的报告。你们游历路程计划如何？预定约某月可以到家？归途从海道抑或从陆路？想已有报告在途。若还未报告，则得此信时，务必立刻回信详叙，若是西伯利亚路，尤其要早些通知我，当托人在满洲里招呼你们入国境。

你们回来的职业，正在向各方面筹划进行（虽然未知你们自己打何主意），一是东北大学教授（东北为势最顺，但你们去也有许多不方便处，若你能得清华，徽因能得燕京，那是最好不过了），一是清华学校教授，成否皆未可知，思永当别有详函报告。另外还有一件"非职业的职业"——上海有一位大藏画家庞莱臣，其家有唐（六朝）画十余轴，宋元画近千轴，明清名作不计其数，这位老先生六十多岁了，我想托人介绍你拜他门（已托叶莫初），当他几个月的义务书记，若办得到，倒是你学问前途一个大机会。你的意思如何？亦盼望到家以前先用信表示。你们既已成学，组织新家庭，立刻须找职业，求自立，自是正办，但以现在时局之混乱，职业能否一定找着，也很是问题。我的意思，一面尽人事去找，找得着当然最好，找不着也不妨，暂时随缘安分，徐待机会。若专为生计独立之一目的，勉强去就那不合适或不乐意的职业，以致或贬损人格，或引起精神上苦痛，倒不值得。一般毕业青年中大多数立刻要靠自己的劳作去养老亲，或抚育弟妹，不管什么职业得就便就，那是无法的事。你们算是天幸，不在这种境遇之下，纵令一时得不着职业，便在家里跟着我再当一两年学生（在别人或正是求之不得的），也没什么要紧。所差者，以徽因现在的境遇，该迎养她的娘娘才是正办，若你们未得职业上独立，这一点很感困难。但现在觅业之难，恐非你们意想所及料，所以我一面随时替你们打算，一面愿意你们先有这种觉悟，纵令回国一时未能得相当职业，也不必失望沮丧。失望沮丧，是我们生命上最可怖之敌，我们须终身不许他侵入……

回来时立刻得有职业固好，不然便用一两年工夫，在著述上造出将来自己的学术地位，也是大佳事。

第二封信，梁启超告诉梁思成和林徽因："……思成的工作定下来了，现已接到了东北大学的聘书，月薪二百六十五元，这是初任教教员的最高薪金了，暑假一结束就要开始上课……那边的建筑事业将来大有发展的机会，比温柔乡的清华园强多了。但现在总比不上在北京舒服，我想有志气的孩子，总应该往吃苦路上走。"从这些信中看出，梁启超是一个非常关心孩子的父亲，不但关心孩子的学业，更关心孩子的工作。又告诉孩子们，如果回国后一时间没有合适的工作，也不要灰心失望，而是要在学术上有所作为。

接到信后，梁思成和林徽因发现时间已经非常紧迫了，因为现在已经的7月份，还有一个月学校就要开学，于是，他们决定结束行程马上回国。为了赶时间，他们便坐火车横穿西伯利亚，经伊尔库什克回国。在海外漂泊多年的游子终于回到家了，他们拿到了学位，收获了知识，开阔了眼界，学成归来，报效多灾多难的祖国。他们的归来，让病中的梁启超非常开心，看着孩子们学有所成，比翼双飞，他感到莫大的欣慰。

回国后，他们很快就去东北大学开始新的生活了。东北大学，给了他们一个大显身手的舞台，他们要用所学的知识报效危难中的国家，培养出更多的建筑人才。东北大学是一所充满活力的学校，大胆起用新人，在各个学院中都安排了充满活力、奋发有为的年轻人来担任教员，这些年轻人给东北大学带来了活力和生机。

1928年，林徽因随梁思成前往沈阳的东北大学任教。从海外学成归来，她要在中国的建筑历史上留下浓墨重彩的一笔。

1928年的秋天，东北大学建筑系招收了一个班的学生，教员却只有梁思成和林徽因。梁思成是系主任，教建筑设计和建筑史等课程；林徽因是教授，教授美术装饰史和专业英语。

夫妇二人非常激动，早在美国求学的时候，他们就立志做成一番事业，学成回来后，更是豪情万丈。如今，他们又有了机会培养学生，可以一边学习一边教学，对夫妻二人来讲，这真是个千载难逢的好机会。当时的建筑学在国内是新兴学科，国内并没有合适教材，林徽因和梁思成也不想引进国外的教材，于是，他们就把留学时所学到的专业知识分出绘图、设计、建筑学、美学等学科，用心地教授给学生。梁思成对学生们说："建筑是人类文化的历史，想成为优秀的建筑师，要有哲学家的头脑、社会学家的眼光、工程师的精确与实践、心理学家的敏感和文学家的洞察力。"在他们的熏陶和影响之下，学生们非常喜欢建筑系。

没有多久，东北大学被迫关闭了，虽然他们亲手创立的建筑系存在的时间不长，但却培养出了中国第一批建筑人才，这三年的教学经验为他们下一步建立清华大学建筑系打下了基础。梁思成给建筑系的学生写了一封信："……现在你们毕业了，你们是东北大学第一班建筑学生，是'国产'建筑师的始祖，如一艘新舰行下水典礼，你们的责任是何等重要，你们的前程是何等远大！林先生与我俩人，在此一同为你们道喜，遥祝你们努力，为中国建筑开一个新纪元！"事实证明，这批学生没有让他们失望，他们为国家做出了贡献。

林徽因、梁思成回到北京后，很快就有了新的工作，在专门研究中国古代建筑的民间学术机构"中国营造学社"工作。

梁启超给子女最大的财富是爱国、有社会责任感。梁启超认为，对国家社会的责任感，与职业无关。他说，士大夫救济天下和农夫善治其十亩之田的成就是一样。"只要在自己责任内，尽自己力量去做，便是第一等人物。"梁启超对清华研究院的学生说过，"无论你在什么地方，你总是社会的一分子，你也尽一分子的力，我也尽一分子的力，力就大了。"他对孩子们说："总要在社会上常常尽力，才不愧为我之爱儿。"

在梁启超的影响下，孩子们都以天下为己任。梁思成、林徽因的交际广泛，有很多朋友。抗日战争时期，许多知识分子常聚在梁思成家里，谈论战局。每次大家离别的时候。梁思成总是担任指挥，一丝不苟地打着拍子，指挥大家一齐高声合唱："起来，不愿做奴隶的人们……"

1947 年，梁思成在美国讲学，许多朋友劝他留在美国。梁思成毫不犹豫地说，无论中国的政局如何，他都将留在祖国。他对于处于苦难和落后中的国家，怀有强烈的责任感。

在抗日战争时期，梁思成、梁思永等在后方极端困难的环境下，依旧抱病坚持学术工作。这些都是由于梁启超教子有方，才培养出来这么爱国、富有责任感的精英人才。

梁启超经常说："如果做成一个人，知识自然越多越好；如果做不成一个人，知识却是越多越坏。"抗日战争的初期，北平沦陷了。日本天皇亲自下诏，对梁思成和梁思永委以重任。梁思成和梁思永听到这个消息后，立刻带着全家逃亡，绝对不为日本人效力。林徽因说，如果真到了最后关头，他们宁愿选择结束自己的生命，也不会向敌人投降。一个弱女子竟然也有这样的胆识，没有辜负梁启超对她一贯的赏识和爱护。

考古学家梁思永

梁思永在 1904 年 11 月出生，是梁启超王桂荃和生的第一个孩子，是梁启超的第三个儿子，梁家长子早夭，梁思成是老二，梁思永排行第三，被弟妹称为"三哥"。

梁思永和梁思成一起在日本长大，童年时，家里搬到须磨的海边别墅，父亲梁启超把这个别墅取名为双涛园。因为在这里可以听到松涛声和海涛声。每天上学经过一个车站，那里的工作人员非常友好。小的时候和家人一起去松林中摘蘑菇，然后把蘑菇烤熟，味道非常鲜美，玩得很开心。

梁思永和哥哥梁思成一样在日本度过了童年，回国后在清华留美预备班学习八年，他和梁思成翻译过《世界史纲》，和梁思成参加爱国游行被车撞倒住院。在清华读书时参加管乐队，梁思成为队长，梁思永为队员。1924 年，梁思永从清华预备班毕业，去美国留学，在梁启超的引导下，梁思永选择了考古专业，他的专业选择和梁启超的引导有很大的关系。

在 1914 年，瑞典的地质学家安特生受聘来到国内搞矿业。他发现周口店有古生物化石、石器和史前的遗址仰韶村等，他的发现拉开了中国近代考古学的序幕。19世纪二三十年代，是中国现代考古学的开创时代，但在中国境内从事考古挖掘工作的人竟然全都是外国人。中国虽有传统的金石学，但金石学和现代意义上的考古学不是一码事。梁启超发现具有五千年文明史的古国，有着众多的古代文物，竟然没有从事考古工作的专业人才，他要改变这个现实。梁启超曾对友人说："以中国地方这样大，历史这样久，蕴藏的古物这样丰富，一定能在全世界的考古学上占有极高的位置。"

于是，梁启超建议梁思永学习考古，希望考古这门新兴的科学能在中国生根发芽。另外，梁思永的性格沉着稳重，非常适合枯燥的考古工作。梁思永经过努力，他顺利地考入哈佛大学攻读考古学和人类学，主攻当时国内非常冷门的考古及人类学。

1926年冬，李济和袁复礼主持了山西夏县西阴村的田野挖掘。这是中国人第一次主持现代考古挖掘，意义重大。梁启超非常支持这次考古挖掘，为了使梁思永在考古学上有所进益，他希望梁思永也能参与进来。梁启超为子女成才用心良苦，他绝不让孩子在教育上有所亏欠，梁启超为他联系自费参加著名考古学家李济在山西的考古发掘，还和瑞典考古学家斯文·赫定联系，让梁思永自费参加他的考古活动。1927年4月，梁启超连续写三封长信跟思永商量行程。

我想为你的学问计，这是千载难逢的机会，若错过了，以后想自己跑新疆沙漠一趟，千难万难。因此要求把你加入去，自备资斧——因为犯不着和那些北京团体分那点钱（钱少得可怜）——今日正派人去和赫定接洽，明后日可以回信，大约十之八九可望成功的。

1926年12月10日，梁启超写信给远在美国哈佛大学读书的梁思永，告诉他："李济现在山西乡下正采掘得兴高采烈。我已经写信给他，告诉他你的志愿及条件，大约十日内外可有回信，我想他们没有不愿意的。只要能派你实在职务，有实习的机会，盘费、食住费等等都算不了什么大问题。"

1927 年 1 月 10 日，李济等人从西阴村考古发掘归来，清华国学院举行了一场茶话会，梁启超参会并听了李济等两人所作的报告。这天晚上，梁启超专门给梁思永写了一封长信。信中写道："（他们）在演讲中说：'他们二人搞考古都只是半路出家，真正专门研究考古学的人还在美国——梁先生的公子。'我听了替你高兴又替你惶恐，你将来如何才能当得起中国第一位考古专门学者这个名誉？总是非常努力才好。"由此可见，梁启超对梁思永寄托了很高的希望，并把"当得起中国第一位考古专门学者"的使命交给了梁思永。梁启超对梁思永的学业非常关心，给他尽可能地提供各种实地考察的机会。1927 年夏天，梁思永听从梁启超的建议，中断学业回国，计划参与国内的考古挖掘。梁启超听到瑞典考古学家斯文·赫定到新疆考古，就主动联系斯文·赫定，推荐梁思永自费随团考察。遗憾的是，由于时局动荡，梁启超的计划没有实现。他又希望梁思永能参加李济在山西的考古挖掘，也没成功。

但梁思永在国内这一年的时间里，还是做了很多有意义的考古工作，他担任了清华国学院助教兼古物陈列所和故宫博物院的审察员。梁思永的这些实习工作，大都没有工资。但这些经历却给他提供了很好的学习机会。1928 年 8 月，梁思永到美国继续深造。他根据在国内一年间的经历，完成了硕士论文。

1930 年，梁思永学成后回到国内，加入了中央研究院历史语言研究所，在考古组工作，考古组的主任是李济。1931 年春，梁思永与表妹李福曼在北京协和礼堂举行婚礼。李福曼 1930 年从燕京大学教育系毕业，在协和医院社会服务部工作过一段时间，后来在家赋闲。1933 年，梁思永的女儿梁柏有出生。田野是考古学者的工作天地，从事考古工作首先需要野外考察。

　　1930 年 9 月，梁思永回国的当年就去黑龙江发掘昂昂溪遗址，然后转道进入热河去做田野考古调查。梁思永在三十八天里步行路程超过了一千公里，他调查了五处新石器时代遗址，采集了大量宝贵的文物标本。此后的六年间，梁思永更是投入了大量时间和精力用于田野调查和挖掘工作，共参加田野发掘七次。为中国的考古事业做了大量的工作。由于工作辛劳，体力透支，1953 年，梁思永的身体变得非常虚弱，他经常头痛，食欲不振，说话的声音都很小。1954 年 4 月 2 日，梁思永的心脏病再度发作，在梁思永生病期间，曾托同父异母的妹妹梁思庄照顾李福曼母女。4 月 2 日梁思永在北京逝世，那个时候，他才五十岁，正是出成果的黄金时代，遗憾的是他英年早逝，梁思永的离去对考古界是个不小的损失。李济说："梁思永先生，中国一位最杰出的考古学家，已经把他全部的生命贡献于这一件事了。"

　　梁思永死后被安葬在北京八宝山革命公墓，他的墓碑由梁思成亲自设计。墓碑是汉白玉卧式，上面刻有郭沫若撰写的墓志铭，墓志铭的全文是："中国科学院考古研究所副所长梁思永先生之墓，一九〇四年十一月十三日生，一九五四年四月二日卒，郭沫若敬提"。

　　郭沫若用"考古所副所长"这样的官方职位给梁思永盖棺定论，很多人认为这对他非常不公平。因为他一生的业绩是不能用职位与之相提并论的。只有"中央研究院院士兼考古学家"这个头衔或者相应的学术头衔才能与之相匹配。

西点军校高才生梁思忠

梁思忠，出生于1907年，他和梁思永都是王桂荃所生，梁思忠小时候非常活泼可爱，又善解人意。李夫人很喜欢他，常和他下棋、聊天。1913年秋，梁启超的家眷全部回国，这个时候梁思忠已经六岁了。他除了上面的几个哥哥、姐姐以外，下面还有两个妹妹和一个弟弟（同父异母的思庄，同父同母的思静、思达）。

梁启超刚从日本回到国内的那几年，他的声誉和事业如日中天，又有很高的社会地位，收入颇丰，梁家的生活非常富有。在这样优越的环境中的梁思忠和他的兄弟姐妹一起，开心快乐地成长着。梁启超有着足够的经济实力，让他们接受到最好的教育。

当家里的几个大孩子都去国外留学后，梁思忠已经十八九岁，是个成年人了。他非常懂事，哥哥、姐姐都在国外，他成了家里最大的孩子，为家里做了很多事。梁思忠经常陪伴着父母，给他们莫大的精神安慰。梁启超寂寞的时候，便带着梁思忠去听歌剧。梁启超无聊的时候，也拉着梁思忠一起打牌。

　　1925 年，李夫人去世一周年后，墓地修好，梁家举行了安葬仪式，仪式很隆重。因为梁思成和梁思永都在美国，所以梁思忠和弟弟梁思达扶着李夫人的灵柩从广惠寺走到山上的墓地，梁启超和其他人，徒步送到西直门，然后坐车去墓地。

　　1926 年春夏，梁启超病情加重，住进协和医院做割肾手术，在梁启超最困难的时候，梁思忠一直在父亲的身边小心照顾他的身体，直到梁启超的身体好转出院。

　　1926 年 8 月，梁思忠去美国留学，他是个有心的孩子，虽然远在国外，但仍旧不放心梁启超的身体，经常写信给父亲，提醒他注意各种事项，生怕梁启超不在意身体。梁启超啰唆的孩子，管爷管娘的，比先生管学生还严，讨厌讨厌。但我已领受你的孝心，一星期来已实行八九了。我的病本来是'无理由'，而且无妨碍的，因为我大大小小事都不瞒你们，所以随时将情形告诉你们一声，你们若常常啰唆我，我便不说实话，免得你们担心了。"

　　梁启超非常关心梁思忠的人际交往，生怕他交友不慎，影响到个人的品质。梁思忠十八岁的时候，长得一表人才，成了很多女孩子心目中的白马王子。这时候，梁思忠交往了一个姓陈的女孩子，梁启超听后，得知对方家庭人品不端，立刻给梁思忠写了一千字的信，他在信中严厉地告诫梁思忠。他还不放心，又给梁思顺写信谈起这件事："那陈某我是知道的，纯然是一个流氓。他那个女孩也真算无耻极了，我得着你二叔的信，立刻写了一千多字的信严重告诫忠忠，谅来这孩子不至被人拐去。但你们还要随时警告他。因为他在你们兄弟姐妹中性情是最流动的，你妈妈最不放心的也是他。"梁启超的劝说还是有效果的，梁思忠和那个女孩子不再有什么来往。

在梁启超的几个子女中，梁思忠的政治热情是最高的。到美国留学后，梁思忠首先选择了学习政治。梁启超得到这个消息后，专门给他写信："忠忠来信叙述入学后情形，我和你娘娘都极为高兴。你既学政治，那么进什么团体是免不了的，我一切不干涉你，但愿意你十分谨慎，须几经考量后方可加入。在加入前先把情形告诉我，我也可以做你的顾问。"

梁思忠是很有想法的孩子，梁启超在他的身上也花费了不少心血。随着国内形势的发展，梁思忠在海外也热血沸腾，他竟然提出要终止在美国的学业，回到国内参加北伐。这使得梁启超在各种烦心事上又增加了一件烦心事。梁思忠的想法，一直在梁启超的脑子里盘旋，他为梁思忠感到担忧和不安。因为这关系到儿子终身的一件大事。对于梁思忠的爱国热情，他给予充分肯定，然后说："你们谅来都知道，爹爹虽然是挚爱你们，却从不肯姑息溺爱，常常盼望你们在困苦危险中把人格能磨练出来。"

梁启超最初也同意儿子回国，但需要商量的是回国以后去哪里报效国家。梁启超希望梁思忠去白崇禧那里或者去李济深那里，而且派人去联系这件事。但仅仅过去三个星期，梁启超就完全改变了他的计划。他告诉梁思忠："因为三个星期前情形不同，对他们还有相当的希望，觉得你到那边阅历一年总是好的。现在呢？对于白、李两人虽依然不绝望，假使你现在国内，也许我还相当的主张你去。但觉得老远跑回来一趟，太犯不着了。头一件，现在所谓北伐，已完全停顿，参加他们军队，不外是参加他们火拼，所为何来？第二件，自从党军发展之后，素质一天坏一天，现在迥非前比。白崇禧军队算是极好的，到上海后纪律已大坏，人人都说远不如孙传芳军哩。跑进去不会有什么好东西学得来。第三件，他们正火拼得起劲，人人都有自危之心，你们跑进去立刻便卷掺在这种危险旋涡中。危险固然不必避，但须有目的才犯得着冒险。现这样不分皂白切葱一般杀人，死了真报不出账来。冒险总不是这种冒法。这是我近来对于你的行止变更主张的理由，也许你自己亦已经变更了。"

梁启超对孩子的冲动没有责备和埋怨，他说："这也难怪。北京的知识阶级，从教授到学生，纷纷南下者，几个月以前不知若干百千人；但他们大多数都极狼狈、极失望而归了。"

梁启超很庆幸孩子没有赶上这样的机会，梁启超对梁思忠说："一个人若是在舒服的环境中会消磨志气，那么在困苦懊丧的环境中也一定会消磨志气。你看你爹爹困苦日子也过过多少，舒服日子也经过多少，老是那样子，到底志气消磨了没有？也许你们有时会感觉爹爹是怠惰了（我自己常常有这种警惧），不过你再转眼一看，一定会仍旧看清楚不是这样。我自己常常感觉我要拿自己做青年的人格模范，最少也要不愧做你们姊妹弟兄的模范。我又很相信我的孩子们，个个都会受我这种遗传和教训，不会因为环境的困苦或舒服而堕落的。你若有这种自信力，便随遇而安地做。现在所该做的工作，将来绝不怕没有地方、没有机会去磨练，你放心吧。"

几天后，梁启超在给梁思顺的信中谈起了梁思忠："思忠呢，最为活泼，但太年轻，血气未定，以现在情形而论，大概不会学下流（我们家孩子断不至下流，大概可以放心），只怕进锐退速，受不起打击。他选择的政治军事，又最含危险性，在中国现在社会做这种职务很容易堕落。即如他这次想回国，原是一种极有志气的举动，我也很夸奖他，但是发动得太孟浪了。这种过度的热度，遇着冷水浇过来，就会抵不住。

从前许多青年的堕落，都是为此。我对于这种志气，不愿高压，所以只把事业上的利害慢慢和他解释，不知他听了如何。这种教育方法，很是困难，一面不可以打断他的勇气，一面又不可以任他走错了路……所以我对于他还有好几年未得放心，你要就近常察看情形，帮着我指导他。"

梁思忠听从了梁启超的建议，在威斯康星读完政治学，又转到弗吉尼亚军事学院学习军事。后来，梁思忠从美国西点军校毕业回到国内，加入国民革命军，成为军人，他非常努力，仕途顺利，很快升任十九路军炮兵上校。

在 1932 年的淞沪抗战中，日本派海军陆战队登陆上海。十九路军奋起抵抗，梁思忠也参加了这次战斗，他表现得非常出色。可惜，不久后，他喝了路边的脏水，得了腹膜炎，由于没有得到及时的救治，延误了病情，年仅二十五岁就去世了，英年早逝，非常可惜。梁思忠去世后，安葬在香山脚下的梁家墓地，梁启超和李夫人合葬在那里，梁启超的弟弟夫妻也葬在那里。

梁思庄

梁思庄是我国著名的图书馆学家，曾任北京大学图书馆副馆长、中国图书馆学会副理事长。梁思庄精通英、法、德、俄等语言，熟悉并了解各种西文工具书和书刊资料。梁思庄被公认为我国图书馆西文编目方面首屈一指的专家，她为我国的图书馆事业辛勤地工作了五十年。

梁思庄是梁启超的次女，也是他的第五个孩子，梁思庄出生于日本神户，是李夫人所生。生她的时候，李蕙仙的年龄已经不小了，所以梁启超和夫人对这个孩子也很喜欢。梁思庄周岁的时候，梁启超为她写了一首诗：

> 阿庄始生今周晬，蕙质已与常儿殊。
>
> 调舌渐闻莺恰恰，扶牀更见蟹跦跦。
>
> 惯能合十呼郎罢，贪上秋千昵女须。
>
> 却埽闭关弄孺子，敬通真欲老江湖。

梁思庄小时候，皮肤有些黑，为了给她美白，李夫人专门用牛奶给她洗脸，可见李夫人对她的关爱。在日本的双涛园生活的那段时间，梁思庄的童年是快乐无忧的。1912 年梁启超回到国内，他的家人依旧留在日本。1913 年 2 月，梁思庄才四岁就开始给梁启超写信了。梁启超夸奖她："思庄字佳，传语当索赏。""思庄写如许长信，真亏她，可传语索奖。"1913 年从日本回国后，梁思庄一直住在天津。那个时候，家里的生活条件非常优越。梁家的房子很大，中间有块空地，梁思庄在这里练习骑自行车。到了梁思庄上学的年龄，梁启超把她送到教会女中读书。在学校，梁思庄接受了新式的教育，她的英语很好，还学会了弹钢琴。在父母的宠爱下，梁思庄的生活很幸福，她渐渐长大了。

在 1924 年年初，母亲的病情加重，同年秋天病逝，那个时候梁思庄才十六岁。李夫人临终前最放心不下的就是梁思庄，因为她还没有成年。李夫人去世后，梁启超非常难过，他的身体状况也与日俱下，尿血现象加剧。梁启超一贯是文思泉涌，下笔如有神，但在那段时间里，他的大脑却一片空白。李蕙仙去世大半年后，梁启超和家人的生活才慢慢地恢复到了正常状态。

1925 年春，梁思顺的丈夫担任加拿大总领事，梁思顺一家全部出国了。梁思庄也跟着姐姐一家去加拿大读书。梁思顺和梁思庄差十五岁，母亲病逝后，梁思顺就像母亲一样，照顾着没有成年的妹妹梁思庄。

梁思庄先在渥太华中学学习，毕业后考入了麦吉尔大学攻读文学。1930 年，她获得了麦吉尔大学的文学学士学位。第二年，梁思庄又去美国的哥伦比亚大学图书馆学学院学习，并获得图书馆学学士学位。

梁思庄出国后，梁启超非常思念她。梁思庄刚走，梁启超就给她写信："宝贝思顺，小宝贝庄庄：你们走后，我很寂寞，当晚带着忠忠听一次歌剧，第二日整整睡了十三个钟头，起来还是无聊无赖……

思顺离开我多次了，所以倒不觉怎样；庄庄这几个月来天天挨着我，一旦远行，我心里着实有点难过。但为你成就学业起见，不能不忍耐这几年。"

"小宝贝庄庄：我想你得狠，所以我把这得意之作裱成这玲珑小巧的精美手卷寄给你，你姊姊呢，她老成了，不会抢你的，你却要提防你那两位淘气的哥哥，他们会气不忿呢，万一用起杜工部那'剪取吴淞半江水'的手段来却糟了，小乖乖你赶紧收好吧。"梁启超当时并没有预料到，他认为的只是忍耐几年的分离，竟然是永别。梁思庄出国后，父女就没有再见过面，梁启超去世的时候，梁思庄在国外，没有见到父亲的最后一面。

梁思庄刚去加拿大读书的时候，没有马上进入大学，情绪很沮丧。梁启超非常关心她的情绪，告诉她专心打好基础，把学习的墙基筑厚。梁启超给她写信说："至于未能立进大学，这有什么要紧"，"求学问不是求文凭"。

梁思庄先在加拿大读中学，一开始成绩一般，全班三十七人，考了第十六名。思庄很不开心，梁启超担心她的自尊心受到伤害，非常着急，马上写信帮她找借口："因为你原是提高一年，和那按级递升的洋孩子们竞争，能在三十七人中考到第十六，真亏你了。好乖乖，不必着急，只需用相当努力便好了。"

很快，梁思庄经过努力，成绩一跃成为了班上前几名。梁启超高兴之余，特意写信嘱咐："小宝贝庄庄，今年考试纵使不及格，也不要紧，千万别着急……你们弟兄姐妹个个都能勤学向上，我对于你们功课不责备，却是因为赶课太过，闹出病来，倒令我不放心了。"

兴趣是最好的老师，梁启超崇尚趣味主义。他非常尊重孩子们的个性，掌握每个孩子的特点，因材施教。梁启超对孩子们的专业选择非常关心，当梁思成、梁思永面临专业选择时，梁启超建议他们：选择国内奇缺但未来可能发展前景极大的偏门专业。在梁启超的启发下，梁思成选择了建筑学、梁思永选择了考古学。两个人学成归国后，很快就成为各自领域的杰出人才。

梁思庄在加拿大麦基尔大学的时候，也面临着专业选择的问题。她向梁启超请教，因为在她的眼中，父亲梁启超是朋友，也是良师益友。她愿意把自己的问题拿出来，请父亲出主意。梁启超认为，现代生物学在国内还是一片空白，这个专业的人才国内奇缺，以后肯定有前途，希望她选择这门功课学习。于是，梁启超给梁思庄写了一封信：

庄庄在极难升级的大学中居然升级了，从年龄上你们姊妹弟兄们比较，你算是最早一个大学二年级生，你想爹爹听着多么欢喜。你今年还是普通科大学生，明年便要选定专门了，你现在打算选择没有？我想你们弟兄姊妹，到今还没有一个学自然科学的，很是我们家里的憾事，不知道你性情到底近这方面不？我很想你以生物学为主科，因为它是现代最进步的自然科学，而且为哲学社会学之主要基础，极有趣而不须粗重的工作，于女孩子极为合宜，学回来后本国的生物随在可以采集试验，容易有新发现。截到今日止，中国女子还没有人学这门（男子也很少），你来做一个"先登者"不好吗？还有一样，因为这门学问与一切人文科学有密切关系，你学成回来可以做爹爹一个大帮手，我将来许多著作，还要请你做顾问哩！不好吗？你自己若觉得性情还近，那么就选它，还选一两样和它有密切联络的学科以为辅。你们学校若有这门的好教授，便留校，否则在美国选一个最好的学校转去，姊姊哥哥们当然会替你调查妥善，你自己想想定主意吧。

专门科学之外，还要选一两样关于自己娱乐的学问，如音乐、文学、美术等。据你三哥说，你近来看文学书不少，甚好甚好。你本来有些音乐天才，能够用点功，叫它发荣滋长最好。

姐姐来信说你因用功太过，不时有些病。你身子还好，我倒不十分担心，但做学问原不必太求猛进，像装罐头样子，塞得太多太急，不见得便会受益。我方才教训你二哥，说那"优游涵饮，使自得之"，那两句话，你还要记着受用才好。

你想家想极了，这本难怪，但日子过得极快，你看你三哥转眼已经回来了，再过三年你便变成一个学者回来帮着爹爹工作，多么快活呀！

出于对父亲意见的尊重，梁思庄选择了生物学。但学了一段时间的生物学后，她发现麦基尔大学的生物学老师讲得不好，而且自己对生物学没有兴趣。于是，梁思庄向大哥梁思成谈起这件事。梁启超听说后，赶紧给梁思庄写信："庄庄：听见你二哥说你不大喜欢学生物学，既已如此，为什么不早同我说？凡学问最好是因自己性之所近，往往事半功倍，你离开我很久，你的思想发展方向我不知道，我所推荐的学科未必合你的适，你应该自己体察作主，用姐姐、哥哥当顾问，不必泥定爹爹的话，但是新学期若已经选定生物学，当然也不好再变，只得勉强努力而已，我很怕因为我的话扰乱了你的治学之路，所以赶紧寄这封信。"

梁启超很明智，他知道，自己的建议只是帮他们提供一种选择，给他们提供一种可能性，最终下决心的是孩子们自己。在父亲的鼓励下，梁思庄找到自己的兴趣，改学图书馆学，最终成为我国著名的图书馆学家。

遗憾的是，梁思庄的学业未成，父亲梁启超就病逝了。当时梁启超在国外求学工作的孩子有思顺、思庄、思永、思忠，他们没有参加父亲的葬礼，是梁思成和林徽因陪伴梁启超度过了生命的最后半年。梁启超去世的时候，梁思庄才二十一岁。

梁思永在清华读初中的时候，有个同学叫吴鲁强，他们之间的关系很好。吴鲁强是化学家。1904 年 11 月 20 日生于广东省开平县楼岗乡高岗里。他的父亲吴鼎新曾担任过广西省教育厅厅长和广东省国民大学校长。吴鲁强幼年聪颖，每次考试都名列第一。1916 年考入清华学校，他的年龄在同学中最小，但品学兼优，所以老师很重视他。1924年，吴鲁强十九岁就毕业了，随后被选送到美国留学。开始他学习文科，因为国内更需要理科人才，所以他在第二年就转入到麻省理工学院攻读化学。1927 年获得了学士学位，又在该校攻读有机化学，1930 年获得博士学位。1931 年，二十六岁的吴鲁强回国后，在北京大学化学系当教授。他是当时中国最年轻的教授之一。1932 年，吴鲁强又被广州的中山大学聘为教授。

梁思庄十二岁的时候，吴鲁强去过梁启超的家，听他讲课。梁思庄在加拿大读书的时候，梁思永在美国哈佛大学读书。吴鲁强正好也在美国的麻省理工学院读书，他学的是化学专业。这两所世界闻名的高校都在波士顿郊外的小镇上，两人经常来往。假期的时候，梁思庄去美国找梁思永，遇到了吴鲁强，在梁思永的牵线搭桥之下，两人开始交往。梁思永对他们之间的交往非常支持。

但两人之间的爱情并不是一帆风顺的，中间有不少曲折。吴鲁强很浪漫，他给梁思庄写过上百封情书，每封信都写得非常有感情。吴鲁强费了不少力气，也碰过不少小钉子。梁思庄毕业后乘船回国，吴鲁强想要和她同船回国，但梁思庄却不愿意告诉他自己的船期，不想和他同船回国。好在两人还是有缘分的，最终有情人终成眷属。

1931 年，梁思庄和吴鲁强回国。刚回国的时候，梁思庄在北京图书馆工作，后来去了燕京大学，职位是西文编目员；吴鲁强在北京大学化学系任教授。1932 年，吴鲁强回广州探亲，他按照父母的希望留在了广州，跟梁思庄分居两地。1933 年 8 月 26 日，梁思庄和吴鲁强在北平结婚。林徽因全程参与了他们的婚礼，帮梁思庄设计婚纱，布置结婚礼堂。

两人结婚后，梁思庄跟着丈夫去广州定居。吴鲁强的父亲在当地很有名望，他一生从事教育，在海外华侨界有一定的影响力。他曾经去海外募捐筹款，后来在一所大学担任校长。梁思庄的婆婆不会说普通话，只会说粤语，她的封建思想很严重，婆媳间有些隔阂，梁思庄非常思念北平的家人。吴鲁强结婚前，吴鲁强的父亲已经建了新房。但是，吴鲁强和梁思庄却没有和公婆住在一起。梁思庄并不适应广州的生活，吴鲁强曾经一度想过全家回北平生活。结婚后，梁思庄在广州一家图书馆上班。两人结婚的第二年，他们的女儿吴荔明出生了。之前，吴鲁强的大哥生了三个女儿，所以梁思庄怀孕的时候，吴家非常期待她生个男孩，结果还是女孩，公婆很失望。

两人有了孩子后，日子过得很幸福。遗憾的是，梁思庄结婚两年半，丈夫吴鲁强就病逝了。吴鲁强去世后，梁思顺作为娘家人，去广州把梁思庄接回北京，和梁思成一家住在一起。不久，梁思庄在燕京大学图书馆找了做西文编目的工作。

梁思庄是个自强自立的女性，丈夫去世后，她一直独自抚养女儿，没有再婚。吴鲁强早年曾给梁思庄写了很多英文的情书和英文诗。梁思庄把这些书信保存得很好，吴鲁强去世后，梁思庄还经常翻看这些信件。寂寞的时候，梁思庄给已经去世的吴鲁强写信，把心里话说给他听。

　　1981 年，梁思庄中风了，她智力减退得就像幼儿一般，生活也不能自理，五年后梁思庄去世了，终年七十八岁。梁思庄被安葬在父母的身边，李蕙仙放心不下的小女儿，六十多年后，永远回到了父母的身边。梁思庄的专业是图书馆学，所以她的墓地设计也采用了几本书并立的形式。

其他子女

　　梁启超的另外四个子女是梁思达、梁思懿、梁思宁、梁思礼，在梁启超生前，他们的年纪都很小，没到国外留学。这几个孩子的学业都是在国内完成的。20 世纪 20 年代是多事之秋，梁启超在北平和天津之间往来。他在清华大学、南开大学教学、演讲。还担任了京师图书馆馆长、北平图书馆馆长等社会职务。除此之外，梁启超还写了很多文章，他的工作十分忙碌。

　　那段时间，梁启超的身体不舒服，出现了很多问题。但他依旧关注子女的早期教育，对他们的学业早做安排。梁思达和梁思懿在天津南开中学读书，后来，梁思懿转到清华读书，在梁启超的教育下，几个孩子的学习成绩非常好。1927 年，国内政局不稳，社会动乱，梁启超专门在家里为几个孩子聘请了一位教授国文的老师，他就是梁启超在清华大学研究院的学生谢国桢。后来，梁启超又请了南开中学的教员，到家里教孩子们英语和数学。梁启超给梁思顺写信说："今年偶然高兴，叫达达们在家读书，真是万幸好在他们既得着一位这样好先生，那先生又是寒士，梦想去日本留学而不得，我的意思想明年暑假或寒假后，请那先生带着他们到东京去。达、懿两人补习一年或两年便可望考进大学，六六便正式进中学。"由此可见梁启超非常重视子女的教育。

梁思达出生于 1912 年，是梁启超的第四个孩子，生于日本神户，母亲是王桂荃。梁思达是梁启超唯一没有出国留学的儿子。1935 年，梁思达毕业于南开大学经济系，毕业后继续读研究生，1937 年硕士毕业。那个时候，国内正在兴起社会主义运动，梁思达热衷于考察、研究与此相关的"农村合作社"事业，成为"华北农村建设协进会"会员。他和别人合作写成了三十万字的《中国合作事业考察报告》，又写了《南昌县合作事业之检讨》。梁思达的研究继承了父志，因为梁启超社会主义建设理论中规划有发展各种"农村合作社"事业，梁思达经济思想非常可贵。

梁思达是著名的经济学家，做出了不小的成绩。他长期从事经济工作及研究，抗战期间，梁思达在重庆中国银行总管理处中国银行长沙支行任职。他曾参与中国科学院经济所编写《中国近代经济史》的工作。1972 年他退休后住在北京，2001 年去世。梁思达对父亲的事业非常热爱，晚年他热心于饮冰室的复原工作。梁思达的妻子俞雪臻非常美丽贤惠，非常能干，她把家里收拾得窗明几净，布置得非常整洁。他们有一个男孩、两个女孩，是很幸福的一家人。

1914 年，梁思懿在北京出生，她是梁启超的第三个女儿，是著名的社会活动家。1933 年，梁思懿考入燕京大学的医学预备班，准备三年后进入协和医学院学医。但为了参加革命，她转到了燕京大学的历史系学习。在 1935 年的下半年，她投身于学生运动。梁思懿的思想非常活跃，曾经担任过中国共产党的外围组织"中华民族解放先锋队"

的大队长，她也是"一二·九"运动中的学生骨干，还是燕大学生领袖，也是"燕京三杰"之一。

1936 年，梁思懿加入了中国共产党，被派往上海，在基督教女青年会劳工部从事女工的工作。1941 年，梁思懿和丈夫一起去美国学习美国历史，后在芝加哥和纽约的社会学院任教。1949 年，梁思懿听到中华人民共和国即将成立的消息后，立即离开美国返回国内。她先后担任齐鲁大学女部主任、山东白求恩医学院教师、山东省妇女联合会主席。后来，梁思懿调往北京工作，1988 年，梁思懿在北京病逝。

1916 年，梁思宁在上海出生，她是梁启超的第四个女儿。梁思宁早年在南开大学就读。1937 年日军轰炸南开大学，她被迫失学。1940 年，在三姐梁思懿的帮助下，梁思宁投奔了新四军，在新四军 123 支队司令部，主要从事宣传工作。第二年，梁思宁加入了中国共产党。1946 年，她与章柯结婚。

建国初期，陈毅元帅曾经对建筑学家梁思成说："当年我手下有两个特殊的兵，一个是梁启超的女儿，一个是章太炎的儿子。"陈毅元帅所说的梁启超的女儿就是梁思成的妹妹梁思宁。1948 年，张柯和梁思宁被开除党籍，罪名"梁启超的女儿！"从此她蒙冤了 35 年，直到 1983 年才恢复党籍，2006 年，梁思宁病故。

1924 年，梁思礼出生了，他是梁启超最小的儿子，在他上面有四个哥哥，四个姐姐，梁思礼的哥哥、姐姐们的年龄都比他大很多，，哥哥、姐姐们对他爱护有加，大家亲热地叫他老 baby 或老八，有时开玩笑叫他八老爷。梁思礼的母亲是王桂荃，梁思礼出生的时候，梁启超已经五十一岁了。梁思礼深受父母的宠爱，他是在大家的爱护下成长起来的。

梁思礼给晚年的梁启超带来了很多快乐，他是梁启超最大的精神安慰。梁启超亲昵地称他为老白鼻。这个词是由 Baby（宝贝）一词音译而来的。梁思礼小时很乖巧，两岁的时候，梁启超只要一要香烟，梁思礼就会把抽烟的一套用具送到父亲面前，梁启超非常开心。

梁启超在给海外读书的孩子的信中多次提起过梁思礼："每天老白鼻总来搅局几次，是我最好的休息。"

老白鼻一天一天越得人爱，非常聪明，又非常听话，每天总逗我笑几场。他读了十几首唐诗，天天教他的老郭念，刚才他来告诉我说："老郭真笨，我教他念少小离家，他不会念，念成乡音无改把猫摔"。他一面说一面抱着小描就把那猫摔下地，惹得哄堂大笑。他念："两人对酌山花开，一杯一杯又一杯，我醉欲眠君且去，明朝有意抱琴来。"总要我一个人和他对酌，念到第三句便躺下，念到第四句便去抱一部书当琴弹。

老白鼻已复原，天天自己造新歌来唱，有趣得很。

我昨天才给老白鼻买了许多灯来，已经把他跳得个不亦乐乎。今日把你带来的皮包打开，先给他穿上那套白羊毛的连衫带裤带袜子，添上手套，变成一个白狗熊。可惜前几天大雪刚下过了——连下了四天，民国以来没有之大雪，现在还未化尽——不然叫他在雪里站着真好玩极了，穿了一会脱下换上那套浅蓝的，再披上昨年寄他的外套，他舍不得脱，现在十点钟了还不肯去睡，可巧前三天刚带他照过一幅相，等过了新年再叫他穿齐照一幅，你们看着才知道他如何可爱呢。

老白鼻好玩极了，最爱读书，最爱听故事，听完了就和老郭讲去，近来又加上和他的小弟弟讲，我书房里有客便不进来，有学生便进来，他分辨得出哪些人是客，哪些是学生。学生来谈话时他便站在旁边听，一声也不言语，可以听到半点钟之久。他保护他的小弟弟比什么人都亲切，有时要灌小弟弟泻油，他先自哗地哭起来了。那小的却嘻嘻有声。

在信中，可以看出梁启超对他满满的爱。1929年梁启超逝世时，梁思礼还不到五岁。梁思礼说："父亲对我的直接影响较少，但爱国这一课，我不曾落下半节。"梁思礼从父亲那里继承的最宝贵的品质就是爱国。梁启超希望儿女们学有所成后能为国家做事，王桂荃谨遵丈夫的教育思想，悉心教育孩子。梁思礼在母亲的养育下，度过了童年和少年。虽然在成长的过程中，梁思礼没有父亲的陪伴，但梁启超在生前已经给儿女们计划了未来的道路。梁启超的几个孩子在文学、建筑、考古、军事、经济等方面都有建树，但还没有从事科技领域的研究。梁启超生前在信中写道："我想你们兄弟姐妹到今还没有一个学自然科学，很是我们家的憾事……"他去世后，王桂荃把梁思礼送到美国，梁思礼在美国度过了八年的求学时光。

开始的时候，梁思礼在给他提供全奖的嘉尔顿学院学习综合课程。大二的时候，他抱着"工业救国"的愿望，转学到有着工程师摇篮之称的普渡大学，改读电机工程。他希望能学到最先进的科学技术，学成后为国家做些事情。梁思礼成了火箭控制专家，梁思礼实现了父亲的遗愿，梁启超应该没有遗憾了。

梁思礼来到美国两周后，珍珠港事件就爆发了。因为战争，梁思礼失去了和家庭的联系，也失去了经济来源。为了继续求学有足够的学习费和生活费，他半工半读。梁思礼到餐馆洗碗、当侍者，担任游泳场的救生员，虽然生活困难，但他依旧坚持着学业，他的成绩在班里一直名列前茅。

梁思礼一直记着梁启超的话："人必真有爱国心，而后方可以用大事。"这句话，支撑了梁思礼一生。虽然父亲不在了，但是他的哥哥、姐姐们是他人生路上的精神引领者，也是他成长的榜样。1947年，梁思成受到邀请去耶鲁大学讲学，专门抽空从东海岸驱车一千多公里前往辛辛那提探望正在读研的梁思礼，离家六年多的梁思礼，第一次从亲人口中知道了国内抗战的情形。一同赴美的五姐梁思懿，对梁思礼的帮助很大，在五姐的影响，梁思礼在美国就加入了进步组织，学成回国的信念更加坚定。1945年，梁思礼拿到了美国普渡大学的学士学位，在1947年和1949年，他又取得了美国辛辛那提大学的硕士和博士学位。

梁思礼因为成绩优异，获得了非常好的工作机会，梁思礼可以在美国拿到高薪厚禄，过着舒服的生活。但当时中华人民共和国刚成立，国家百废待兴，需要各个方面的人才。于是，梁思礼毫不犹豫地回到祖国，为国效力。

梁思礼回国后，投入到了远程导弹和运载火箭等研究和研制工作中，他和同事们一起，克服了种种困难，终于成功研制出一批远程导弹和运载火箭，为中国导弹和航天事业做出了伟大的贡献。

多年后，梁思礼在演讲中讲述了一件事：他在美国留学时有个中国好友，毕业后留在美国工作，成了波音宇航公司首席科学家。这个同学搞的是美国的洲际导弹，梁思礼搞的是中国洲际导弹。梁思礼说："上世纪80年代，他的年薪是三十万美元，我的工资只有他的百分之一。他住在西雅图一个小岛上的高级别墅里，回国时受到国家领导人接见，我住在很普通的单元房子里。有人问我对此有何想法，我的回答是：他干的导弹是瞄准中国的，我干的导弹是保卫祖国的！我回国后和第一代航天战士一起白手起家，创建起中国航天事业，能为此奉献一生，我感到无比自豪和光荣。"

1993年，梁思礼成为中国科学院院士，这是中国最高的学术成就称号，也是终身荣誉。2016 年 4 月 14 日，梁思礼在北京去世，终年九十二岁。晚年的梁思礼，回忆自己的一生，对他影响最大的人就是父亲梁启超，还有他的母亲王桂荃。

对梁思礼来说，父亲对他的影响无处不在。梁启超说过：

我平生对自己做的事，总是津津有味且兴致勃勃，什么悲观啊，厌世啊，这种字眼，我的字典里可以说完全没有。凡人常常活在趣味之中，生活在有价值中，若哭丧着脸挨过几十年，那生命便成为沙漠，要来何用？

处忧患最是人生幸事，能使人精神振奋，志气强立。两年来所境较安适，而不知不识之间德业已日退，在我犹然，况于汝辈，今复还我忧患生涯，而心境之愉快视前此乃不啻天壤，此亦天之所以玉成汝辈也。

你们在爹爹膝下几十年，难道还不知道爹爹的脾气吗？你们几时看见过爹爹有一天以上的发愁，或一天以上的生气？我关于德性涵养的功夫，自中年来很经些锻炼，现在越发成熟，近于纯任自然了，我有极通达、极强健、极伟大的人生观，无论何种境遇，常常是快乐的。

梁思礼在为人处世上，体现了梁启超对他的影响。他积极向上、豁达乐观，梁思礼说："父亲说过，人的一生活在苦恼里，跟生活在沙漠里一样，有什么意思？我也是这么想的，人的一生应该达观、乐观。"

在美国留学的日子虽苦，梁思礼却也常常苦中作乐。在嘉尔顿学院放暑假的时候，他和美国同学一起，从明尼苏达州的诺斯菲尔德一路搭车到纽约州的水牛城，跑了一千多公里，一分钱没花。在普渡大学时，梁思礼加入了摔跤队，并取得了很好的成绩。

为父亲祝寿

梁启超不但是个好父亲，也是个好儿子、好兄长。

梁启超早年游学广州，到北京参加考试，虽然离家的时间很长，但他的大部分时间还是住在家乡，和父亲同住。1895 年后，梁启超为国事奔走，先是在上海主笔《时务报》，后来又在长沙担任时务学堂的中文总教习，然后去北京参与戊戌变法。这段时间，梁启超大部分时候住在外地。1898 年 9 月 21 日政变发生，梁启超逃亡日本，从此相当长的时间里，他和父亲梁宝瑛无法见面。多亏梁启超夫人及时带着全家移居澳门，梁父才躲避了险境。为此梁启超非常担心父亲的健康，因为自己的政治活动牵累父亲，梁启超非常内疚。他在给夫人的信中谈及此事："大人遭此变惊，必增抑郁，惟赖卿善为慰解，代我曲尽子职而已。""大人当此失意之时，烦恼定不知几多，近日何如？不至生病乎？"此后，在梁启超流亡日本的十多年的时间，他的父亲在香港、澳门、日本之间往来，梁启超也去探访过父亲。梁启超和父亲之间来往的书信不断。梁家的田产不多，仅够糊口。梁启超在日本流亡的时候，梁宝瑛以为梁启超非常富有，向梁启超要钱购买田产。当时，梁启超手头非常紧张。他告诉父亲没有钱购置田产，梁宝瑛以自杀去要挟梁启超。后来，梁启超在弟子们的帮助下，终于筹集到一千二百块银圆，给了梁宝瑛。梁宝瑛带着这笔钱回国后，买了土地，盖了房子，成了地主。但梁启超却从来不购置田产，他曾经开玩笑地说："假若十块钱买一亩田，或十块钱买一只鸡，我宁愿吃鸡不买田。"

辛亥革命爆发后，清帝退位，民国建立，梁启超在第二年的 10 月结束了流亡生涯，回到国内。这个时候梁启超的威望极高，他感到自己"吾之一身渐为全国政治之中心点"。大部分时间住在北京、天津。父亲梁宝瑛回到了家乡。1915 年，父亲即将过生日，为了让父亲高兴，梁启超给梁士诒写信，托他向袁世凯讨勋位，为父亲祝寿，梁启超在信中说："有私事欲一干托：家君寿日福庆，甚思自获一勋位，为娱亲之助。诚知不免世俗之见，然扬显之义，古人盖亦有取焉。十年来文字鼓吹，于新邦肇造，或不无微劳，即两年来与乱党相薄，亦间接为政府张目。若府主录其微庸，援张季老（按：即张謇，字季直）之例，有以宠之，俾得极舞彩之荣，则其感激岂有涯矣？若兄审度，谓为可请，敢乞以尊意婉陈；若谓无取，则请置之……"他希望能够"立身行道，扬名于后世，以显父母，孝之终也"。

当时担任总统府秘书长，人称"二总统"的梁士诒非常爽快地答应帮忙。1 月 27 日，袁世凯即发表了梁启超"授为少卿，并加中卿衔"的策令。梁启超在 1915 年 5 月 1 日给长女思顺写的信中，记叙了庆典的盛况："初九发上海，十二午抵港，粤吏以兵舰迓，其夜抵粤。十六在家庆祝，十八乃开筵受贺，老人康豫欢悦，自不待言，抑几于全城雷动矣。初拟一切从简，而群情所趋，遂不许尔尔。十八日竟演剧侑祝，盖合全城官绅商之力，乃能于数日间布置略备也。在八旗会馆开筵，其地之宏敞，过于湖广馆。将去年之屏联择尤悬张［龙将军（按：指广东都督龙济光）殆成刘老老］，此间人殆莫不咋舌叹美，谓是全省之荣幸也。二十日返乡（兵舰五只护送），乡中仍演剧三日，届时全乡若狂之状更可想耳。吾自上岸后，酬应乃无一刻暇，每日仍以数小时归家承欢，大约一日未离粤，则一日不能休息也。"

5月3日他给思顺的信中继续写道："十八日在省城庆寿，全城官绅商咸集（都中两贺电以十六晨至），共谓为空前之盛会也……是日演剧，至翌晨侵晓乃散。老人亦凭观至终局，精神矍铄，坐客咸羡也。十九日，吾穷一日之力以谢客。今日为二十日，七点钟即乘船返茶坑矣。吾所御者，为一浅水兵轮，名曰楚璧。家族亲友同行者甚众，凡赁紫洞艇四只，护以小兵轮三只，军队随行者约二百人，新会军队相迓者闻尚百人云。沿途山川辉媚，花鸟欢虞，致足乐也。乡中尚演剧四日。吾于其间谒祠扫墓，不过一二日毕事。廿五六间当返省城，月杪即北行矣。"

在这次为父祝寿的活动中，广东的军政要员纷纷出面，还派兵船和军队护送，梁启超感到很满意，父亲梁宝瑛也非常有面子。梁启超还在祖屋门前挂了一块大木牌："一等嘉禾章中卿衔少卿司法总长参政院参政　梁启超"。

梁启超为父亲祝寿的事，在地方文献上也有记载："附近河面停泊官绅船只密不见水面，梁家宾客盈门，贺仪堆积如山。达官贵人均有所馈赠。段祺瑞亲题'圭峰比秀'四字匾额为赠，逊帝溥仪亦赐了一个亲书的'福'字"，"独袁世凯无任何表示，且派刺客行刺"。

1915年，梁启超回乡为父亲祝寿，让他非常满意。但梁启超公私分明，袁世凯对他的拉拢腐蚀，并不能阻挡梁启超对袁世凯称帝的抵抗。1915 年 12 月 16 日，梁启超从天津秘密南下。两天后，梁启超到达上海。他给父亲连写了四封信，又汇了五百元，要父亲赶紧移居香港。因为他在决定发动反对袁世凯的护国战争的时候，已经将生死置之度外了。他知道自己连累父亲梁宝瑛不能在家乡安度晚年，必须出逃了。由于梁启超南下的过程非常惊险，他担心父亲但却因故无法过去探望，失去了和父亲见面的最后机会。

1916 年 3 月 14 日，梁启超的父亲梁宝瑛去世。在弥留之际，他严厉地告诉家人，不要给梁启超发电报叫他回来，应该以国事为重。由此可见，梁宝瑛是个以国事为重、明事理的人。为此，梁启超自认罪人，他认为自己"生不克养，病不克侍，丧不克亲"。

他假设如果自己能及时探病，或者请医术高超的大夫诊治，父亲的病就有可能治好。父亲去世后，因为梁启超担负的责任非常重大，为了让他能够专心国事，梁启勋没有告诉他这件事。直到 5 月 30 日，广东独立，护国战争的大局已定，梁启超转赴上海九日之后，梁启勋才从香港赶来报丧。这个时候，距离梁启超的父亲梁宝瑛去世已经七十七天了。梁启超听到这个消息后，第二天就写了《闻讣辞职书》，他辞去了在军务院中所任各职。一周后，6 月 6 日，一代枭雄袁世凯在忧愤中病死，终年五十七岁。

手足情深

梁启勋是梁启超的二弟，他是梁启超事业的追随者，除从事经济和中国文学历史的研究外，他还是一位有名的词学家，主要著作有《中国韵文概论》和《稼轩词疏证》等，被称为海波老人。他还翻译过若干外国名著，是中国最早的翻译家之一。

梁启勋出生在广东省新会县熊子乡茶坑村。在所有的兄弟中，梁启勋和梁启超的年龄相距最近，他们之间相差三岁，两人的关系也最亲密。1890 年，梁启超结识康有为并拜其为师。1891 年，在梁启超、陈千秋的邀请下，康有为在广州设立万木草堂，梁启勋于 1893 年随兄到这里学习，学得许多西方哲学、历史和自然科学技术，还自学英、日文。

1896 年，康有为、梁启超在上海创办《时务报》，公开提出变法的主张，梁启勋担任了《时务报》的编辑。1898 年，戊戌变法失败后，很多同仁被杀害，在危机时刻，梁启勋把没有被通缉的同事组织起来，掩护康有为、梁启超和那些遇难的家属逃脱清政府的追缉，帮助家属们撤离到澳门、香港和国外。当时的形势非常危机，为了摆脱捕快们的不断跟踪追缉，有时候一天要转移几次。由于压力巨大，梁启勋患上了神经性头疼，很长一段时间，这个病都在折磨着他。

梁启勋后来去美国留学，在哥伦比亚大学攻读经济学。他在美国读书的时候，勤工俭学，在华侨开办的洗衣店打工，也翻译出版了外文书。同时协助康有为处理保皇会经济方面的事务，康有为非常器重他。梁启勋毕业后，去日本参加梁启超在海外创办的《新民丛报》《国风报》等工作。

1912 年，梁启勋返回国内，帮助梁启超开展各种社会政治活动，是梁启超的得力助手。梁启超在天津创办了《庸言报》，梁启勋任报纸撰述。在梁启超担任北洋政府司法总长、制币局总裁、财政总长期间，梁启勋先后担任了中国银行驻京监理官和币制局参事等职位。在任职期间，梁启勋还参与了"袁大头"比例成色的确定。

1916 年，护国战争爆发，梁启超南下发起反袁的活动，这个时候，梁启勋在广州料理父亲梁宝瑛的丧事，为避免梁启超因为家事分心，梁启勋对梁启超隐瞒了父亲去世的消息，独自主持了父亲的丧礼。梁启超开始不知父亲逝世的消息，仍寄来报平安的家信。

1919 年，五四运动爆发，梁启超在欧洲发电报进行声援，梁启勋拿出千元支持学生运动。从欧洲回国后，梁启超加入新文化运动，梁启勋也积极参与。梁启超晚年主持司法储才馆、京师图书馆，梁启勋担任了司法储才馆总务长，协助梁启超开展图书馆的事业。

梁启超和梁启勋兄弟情深，他们在事业上相互支持，在生活上也相互帮助。梁启超的夫人李蕙仙 1924 年去世后，梁启超极为痛苦。这个时候，梁启超身体状况不好，因病住院，而且各自社会事务繁忙。那时候，梁启超的子女都在国外读书，所以，李夫人的墓地建造由梁启勋主持，他尽心尽责。1925 年的夏天，梁启勋在西山连续住了两个多月的时间，为建墓地而奔波。中间他只下山回城了三次。梁启超在给孩子们的信中告诉孩子们："你二叔的勤劳，真是再没有别人能学到了。他在山上住了将近两个月，中间仅入城三次，都是或一宿而返，或当日即返，内中还开过六日夜工，他便半夜才回寓。他连椅子也不带一把去，终日就在墓次东走走西走走。因为有多方面工程他一处都不能放松，他最注意的是圹内工程，真是一砖一石，都经过目，用过心了。"梁启超在信中又说："这等事本来是（思）成、（思）永们该做的，现在都在远（方），忠忠又为校课所迫，不能效一点劳，倘若没有这位慈爱的叔叔，真不知如何办得下去。我打算到下葬后，叫忠忠们向二叔磕几（个）头叩谢。你们虽在远，也要各个写一封信，恳切陈谢（庄庄也该写），谅来成、永写信给二叔更少。这种子弟之礼，是要常常在意的，才算我们家的乖孩子。"

第五章

梁启超的朋友

泰戈尔在中国

1924 年四五月间，讲学社把泰戈尔请到中国，那个时候，泰戈尔刚获得诺贝尔文学奖。当时讲学社的主持者正是梁启超和林长民，泰戈尔的访问，在中国文艺界是件大事。梁启超的学生徐志摩担当起泰戈尔随身翻译的工作，先是负责具体事项的安排与联络，后来又全程陪同泰戈尔在中国的行程。

泰戈尔，是印度伟大的诗人、文学家、艺术家，著名的社会活动家。他在 1924 年第一次访华，他的到来和罗素、杜威的访问一起成为 20 世纪中国文化界的大事。1924 年 4 月 12 日，泰戈尔到达上海，5 月 30 日离开上海乘船去日本，结束了在华四十九天的访问。清华园是泰戈尔访华期间重要的一站。

在泰戈尔到达清华前，清华师生已经熟悉他了，因为《清华周刊》上有几篇对泰戈尔的生平、思想与作品进行介绍和翻译的文章。清华的图书馆里也收藏了许多泰戈尔的作品。这些为清华的师生提供了非常丰富的信息，他们热切盼望泰戈尔这位印度诗圣的到来。1924 年 4

月 23 日下午，泰戈尔到达北京，住在北京饭店。泰戈尔访问清华，在清华园停留了五天六夜，这与梁启超等人的热情邀请有关。作为泰戈尔来华的主要邀请人与接待人之一，梁启超对泰戈尔在华的行程安排十分用心。

1924 年 3 月 7 日，梁启超给蹇季常写信，商讨泰戈尔访华的住所。梁启超说："独泰戈尔房须别觅，真是一问题，渠不过一个月后便来，非赶紧设法不可。我想城里找适当的很难，最好是海淀，其次则香山，你说怎么样？"并要清华教务长张彭春帮忙料理。

清华园校内生活设施齐全而且很先进，早在 1914 年的冬天，梁启超因为清华园的幽静，选择了在清华园从事著述，梁启超写成了《欧洲战役史论》一书。梁启超在清华住在工字厅西客厅，取名"还读轩"。梁启超与清华师生的感情非常深厚，相处得很愉快。后来，梁启超经常到学校讲学。从 1923 年 9 月开始，梁启超在清华长期讲学，每个星期梁启超在清华四天读书讲课，也辅导学生，剩下三天在城内处理其他事务。

4 月 24 日，梁启超从天津赶回北京欢迎泰戈尔。泰戈尔的火车慢慢驶向车站的时候，当时文化界的名流梁启超、蔡元培、胡适、蒋梦麟、梁漱溟、辜鸿铭、熊希龄、范源濂、林长民等列队迎接他，林徽因也在其中，她手里捧着一束红色郁金香，站在队伍的中间。当泰戈尔出现在车门口时，林徽因为泰戈尔献上了美丽的鲜花。

在欢迎仪式上，泰戈尔发表了即兴演讲，他说："今天我们集会在这个美丽的地方，象征着人类的和平、安康和丰足。多少个世纪以来，贸易、军事和其他职业的客人，不断地来到你们这儿。但在这以前，你们从来没有考虑邀请任何人，你们不是欣赏我个人的品格，而是把敬意奉献给新时代的春天。"

最后，他给大家朗诵了一首他喜爱的诗：

仰仗恶的帮助的人，建立了繁荣昌盛，

依靠恶的帮助的人，战胜了他的仇敌，

依赖恶的帮助的人，实现了他们的愿望，

但是，有朝一日他们将彻底毁灭。

泰戈尔的诗朗诵得非常精彩，徐志摩更是翻译得恰到好处，赢得了人们的喝彩。

梁启超在5月1日的讲课内容，是为欢迎泰戈尔而发表的演说。泰戈尔在清华，受到了细致周到的接待。在4月30日休息一天后，5月1日晚，泰戈尔为清华师生做了演讲。作为泰戈尔当晚演讲的预备，梁启超于下午三点至五点，对清华学生做中印文化关系以及泰戈尔介绍的演讲。梁启超回顾了古代中国和印度之间的文化交流，指出古代印度在音乐、建筑、绘画、雕刻等方面对中国产生了巨大影响。梁启超热情欢迎泰戈尔访华，称赞泰戈尔为"马鸣菩萨"，

学生对梁启超的演讲反映良好，而且受益很深。泰戈尔对梁启超的演讲非常欣赏，请梁启超把这次演讲和他在北师大的演讲译为英文。

梁启超在《中国文化与印度文化——为欢迎泰谷尔在师范大学讲演》中说：

以上十二项，都是佛教传来的副产物，也是老哥哥印度人赠给我们的随帖隆仪，好在我们当小弟弟的也很争气，受了哥哥提携便力求长进，我们从印度得来的学问完全消化了，来荣卫自己，把自己特性充分发展出来。文学、美术……等等方面，自己建设的成绩固不用说，即专就"纯印度系的哲学"即佛教论，天台宗、贤首宗、禅宗、净土

宗这几个大宗派，都是我们自创。乃至法相宗虽全出印度，然而《成唯识论》乃由玄奘集合十大论师学说，抉择而成，实是玄奘一家之学，其门下窥基、圆测两大派，各个发挥尽致，剖析入微，恐怕无著、世亲一派学问，到中国才算真成熟哩。所以我们对着老哥哥，自问尚可以无惭色。哎，自唐末到今日，咱们哥儿俩又一别千年了。这一千多年里头，咱们两家里都碰着千灾百难，山上的豺狼虎豹，水里的龙蛇蚌鳖，人间的魑魅魍魉，不断地恐吓咱们，揶揄咱们，践踏咱们，咱们也像有点老态龙钟，英气消减，不独别人瞧不起咱们，连咱们自己也有点瞧不起自己了。虽然，我深信"业力不灭"的真理，但凡已经种在人心上的灵苗，虽一期间偶尔衰萎，终究要发新芽，别开一番更美丽的境界。不信，你看曲孔林里的汉楷唐柏，皱瘦到像一根积锈的铁柱，却是阳春三月，从它那秃顶上发出几节"孙枝"，比"鹅黄柳条"的生机还充盛，咱们哥儿俩年纪虽老，"犹有童心"。不信，你看哥哥家里头现成的两位现代人物——泰戈尔和甘地。哈哈！一千多年"爱而不见"的老哥哥，又来访问小弟弟来了。咱们哥儿俩都是饱经忧患，鬓发苍然，揩眼相看，如梦如寐，我们看见老哥哥，蓦地把多少年前联床夜雨的苦辛上心来，啊啊！我们要紧紧握着他的手不肯放，我们要搂着他亲了又亲，亲了又亲……我们要把从娘胎里带来的一副热泪，浸透了他腮颊上那可爱的大白胡子。

我们用一千多年前洛阳人士欢迎摄摩腾的情绪，来欢迎泰戈尔哥哥；用长安人士欢迎鸠摩罗什的情绪，来欢迎泰戈尔哥哥；用庐山人士欢迎真谛的情绪，来欢迎泰戈尔哥哥。

……但我们以为，凡成就一位大诗人，不但在乎有优美的技术，而尤在乎有崇高的理想。泰戈尔这个人和泰戈尔的诗，都是"绝对自由"

与"绝对爱"的权化，我们不能知道印度从前的诗人如何，不敢妄下比较，但我想泰戈尔最少也可比二千年前做《佛本行赞》的马鸣菩萨。我盼望他这回访问中国所发生的好影响，不在鸠摩罗什和真谛之下。

泰戈尔又说："他这回不能有什么礼物送给我们，只是代表印度人向我们中国致十二分的亲爱。"我说，就只这一点，已经比什么礼物都隆重了。我们打开胸臆，欢喜承受老哥哥的亲爱，我们还有加倍的亲爱奉献老哥哥，请他带回家去。

我最后还有几句话很郑重地告诉青年诸君们，老哥哥这回是先施的访问我们了。记得从前哥哥家里来过三十七个人，我们却也有一百八十七个人，往哥哥家里去，我盼望咱们两家久断复续的爱情，并不是泰戈尔一两个月游历昙花一现便了。咱们老弟兄对于全人类的责任大着哩，咱们合作互助的日子长着呢！泰戈尔这次来游，不过替我们起一个头，倘若因此能认真恢复中印从前的甜蜜交谊和有价值的共同工作，那么，泰戈尔此游才真有意义啊，那么，我们欢迎泰戈尔才真有意义啊！

当天晚上八点半，泰戈尔在大礼堂对清华师生发表演说，徐志摩担任翻译。这次演讲事先没有预备，诗人是凭借自己的才思和情感临场发挥的。

泰戈尔说："人类的文明正等着一个伟大的圆满，等着她的灵魂的纯美的表现。这是你们的责任，你们应得在这个方向里尽你们的贡献。"他劝告清华同学要坚持生活的美的原则，不要被物质主义的毒素玷污了纯洁的灵魂。希望清华同学"努力去建设一个世界的文化。"清华之行，泰戈尔和清华师生之间宽松自由的交流，让他的精神非常愉快。

　　同学们称赞泰戈尔的清华之行"实在是我们最引为荣幸，并且在清华的历史上最值得纪念的一件事情"，"是因为他带了一份极珍贵的礼物来送给我们享用。这份极宝贵的礼物就是他那伟大的人格。"

　　在北京期间，泰戈尔做了很多演讲，在真光剧院的演讲中他说："今日为东西文化发达及相互借重之时，我们至少要有批判之眼光。百余年前，即有西洋文化物质文明侵入东方，延至近今，实有评判之必要。余要声明的是，余非反对物质文明及科学文明，不过余以为科学是附丽于人生的，非人生为科学的。人的生活，要与物质文明同时发达，不能任物质文明超过人生。欧战之结果，号称高尚无匹之西洋文明，亦露无数之缺点。我们利用此种绝好机会，可以评判东方精神文明与西方物质文明，何者可去，何者可存。再就此以溯及东西方文化接触之历史，很觉其中残苦之缺点。文化是求真理，乃西洋文化来侵入东方，完全带有特种的意味，当英国文化传入印度，即用以达其侵略之目的。吾人如此，亟宜一评判其是否。"

　　泰戈尔在演讲中反复告诉中国人，不要舍弃自己宝贵的文化传统与文化历史，更不要盲目地去接受和传播那些无价值的，丑恶的西方文化。

　　他每次讲话，徐志摩都翻译得非常成功。

　　5月8日是泰戈尔六十四岁寿辰，北京的文化界人士为他举办了祝寿会，祝寿会由胡适操办，梁启超主持。梁启超应泰戈尔的请求，给他取了个中国名字叫"竺震旦"。梁启超在致贺词的时候说，泰戈尔的全名是罗宾得罗纳特·泰戈尔。"罗宾得罗纳特"有太阳和雷的意思，中文意思是"震旦"。古印度称中国为震旦，中国人称印度为天竺。所以，梁启超把两个国家的名字连起来，赠给泰戈尔一个新的名字"竺震旦"。

泰戈尔非常高兴，表示感谢。西泠印社为泰戈尔刻制了两方不同字体的"竺震旦"印章。后来，泰戈尔经常使用"竺震旦"这个名字。

生日晚宴结束之后，人们在东单三条协和小礼堂精心为泰戈尔安排了一场演出，这是大家专门用英语为泰戈尔排练的诗剧，它是根据泰戈尔本人写作的诗剧《齐德拉》改编的。《齐德拉》是一个非常动人的爱情故事，由印度史诗《摩诃婆罗多》的情节改编而成。

齐德拉是马尼浦国王的女儿，在马尼浦王系中，代代都由男孩传宗接代，可是齐德拉却是家里唯一的孩子，所以，父亲就把她当成儿子来养，立她为储君。

齐德拉相貌平平，从小就受到男孩子般的训练。当邻国英俊的王子安顺那来到山中坐禅睡着时，正好被进山狩猎的齐德拉看见，她对安顺那一见钟情。齐德拉突然发现，没有女性美是自己最大的缺憾，她便向爱神祈祷，赐予她青春的美貌，哪怕只有一天也好。爱神被齐德拉的诚心感动了，答应给她一年的美貌。齐德拉一变而成为如花似玉的美人，终于赢得了王子安顺那的爱，两人结为夫妇。婚后，王子告诉她，非常敬慕那个平定了盗贼的女英雄齐德拉，然而，他不知眼前的妻子就是他所仰慕的英雄。于是，齐德拉祈祷爱神收回她的美貌，在丈夫面前显露了本来的面目。

这部戏由林徽因担任女主角，由张彭春导演，梁思成绘制布景，担任角色的也都是当时的社会名流：张歆海饰演王子安顺那，徐志摩饰演爱神玛达那，林长民饰演春神代森塔，王赓的太太陆小曼负责发售演出说明书。大家都非常重视这次演出，从彩排开始就非常用心，最终《齐德拉》的演出非常成功。演员们激情澎湃的演出，赢得了大家经久不息的掌声。那天的演出可谓是盛况空前，文化界许多名流应邀前来观看演出，包括与新月社见解分歧很大的鲁迅。

泰戈尔喜欢看戏，更喜欢看自己写的戏。演出结束后，泰戈尔走上了舞台，他慈爱地拥着林徽因的肩膀赞美道："马尼浦王的女儿，你的美丽和智慧不是借来的，是爱神早已给你的馈赠，不只是让你拥有一天，而是伴随你终生，你将因此而放射出光辉。"

证婚词

　　梁启超对徐志摩的一生影响非常大，他在徐志摩心中的地位也是非常重要的。从中学时代起，徐志摩就对梁启超非常敬仰。在杭州府中上学的时候，徐志摩的第一篇论文是《论小说与社会之关系》。这篇文章颇有梁启超的文风。

　　徐志摩姑夫的堂弟蒋百里，是梁启超的门生。徐志摩妻子张幼仪的二哥张君劢也是梁启超的得意门生。1917 年，经过张君劢和蒋百里等人的引荐，徐志摩见到了梁启超，表达自己拜梁启超为师的愿望。

　　梁启超看到徐志摩相貌英俊，谈吐中透露出聪颖之气，非常喜欢，便答应收为自己的学生。徐志摩的父亲徐申如听到徐志摩拜梁启超为师后，非常高兴，徐申如拿出一千块大洋给梁启超作为拜师的礼金。徐志摩的天赋很高，深得梁启超的赏识。梁启超也是格外欢喜，百般呵护。1918 年，徐志摩的夫人张幼仪生了儿子阿欢，长子长孙的诞生，令徐家二老非常高兴。

　　梁启超将徐志摩收为门徒后，就开始为徐志摩的前途筹划起来。

那时，兴起了留学欧美的热潮，为了让徐志摩拓展视野，将来有更大的发展，梁启超建议他到国外留学。徐志摩接受了梁启超的建议，1918年8月前往美国，自费进入马萨诸塞州的克拉克大学历史系学习。

出国前，梁启超给徐志摩写信，对他进行鼓励。面对恩师的期待，志摩表示："首涂之日，奉握金诲，片语提撕，皆旷可发蒙。"

1922年秋，徐志摩学成归国。在回家乡见过双亲后，徐志摩接着去北京看望恩师梁启超。梁启超看见徐志摩的谈吐和学识都大为长进，他非常欣慰。1922年12月，在梁启超的介绍下，徐志摩在北京松坡图书馆担任英文干事。1924年，梁启超以讲学社的名义邀请印度的诗圣泰戈尔来华讲学。泰戈尔是亚洲第一位诺贝尔文学奖获得者，影响很大。梁启超安排徐志摩做泰戈尔访华期间的随身翻译，徐志摩玉树临风，英语流利，尽心尽力地陪伴着泰戈尔，出色地完成了梁启超安排的任务。由于徐志摩才华出众，在1924年秋冬间，他顺利地被聘用为北京大学英美文学教授。

对于徐志摩的成就，梁启超非常得意。1924年的秋天，梁启超用八尺宣纸写了一幅大楹联赠给徐志摩："临流可奈清癯，第四桥边，呼棹过环碧；此意平生飞动，海棠影下，吹笛到天明。"梁启超曾说："我所集最得意的是赠徐志摩一联。"从中可见，梁启超对徐志摩的喜爱。胡适说："徐志摩是梁任公先生最爱护的学生。"

在才学方面，梁启超对徐志摩非常重视和喜爱，对徐志摩的学识也很自豪。但对他的私人生活和婚姻爱情，梁启超却很不满。因为在婚姻爱情观念上，梁启超比徐志摩保守，所以，他们之间有了很多矛盾。

1922年3月，远在英国的徐志摩要和结发妻子张幼仪离婚。徐志摩的理由是他们的婚姻没有爱情，是包办的。从结婚到出国留学，徐志摩和张幼仪结婚将近三年的时间，但两人相处的时间却只有四个月左右。张幼仪说："除了履行最基本的婚姻义务之外，对我不理不睬。就连履行婚姻义务这种事，他也只是遵从父母抱孙子的愿望罢了。"

1920年9月，徐志摩离开美国前往英国。在英国，徐志摩遇见了林徽因，随后他陷入对林徽因的追求中。徐志摩不顾一切，为了爱，徐志摩可以放弃全世界。徐志摩说："我那时是绝无依傍，也不知顾虑，心头有什么郁积，就付托腕底胡乱给爬梳了去，救命似的迫切，哪还顾得了什么美丑！"为了爱，他真的什么也不在乎了，全然不顾已有身孕的张幼仪，更无视亲朋好友的坚决反对，他冒天下之大不韪，做出一件叫人吃惊的事——和张幼仪离婚。

徐志摩离婚了，但他对林徽因的追求却没有成功。1924年，通过胡适的介绍，徐志摩认识了陆小曼，郁达夫说："忠厚柔艳的陆小曼，热情诚挚的徐志摩，遇合在一起自然要迸发出火花，烧成一片。"两人相见恨晚，开始热恋。

他们惊世骇俗的爱情，为世人所不齿，他们的恋爱受到了社会舆论的强烈谴责和抨击，人们认为他们的恋爱是伤风败俗破坏传统礼教的罪恶行为。陆家和徐家都认为他们是不孝子女，极力阻止这样的丑闻发生。他们的感情，千夫所指。尤其是梁启超，对徐志摩的恋情非常不满，他认为无论是从老师还是从长辈的角度，都应该给徐志摩敲敲警钟了。于是，他提笔给徐志摩写了封信，晓之以情，动之以理，规劝徐志摩赶紧悬崖勒马。

梁启超的信中写道："其一，万不容以他人之痛苦，易自己之快乐。弟之此举其于弟将来之快乐能得与否，殆茫如捕风，然先已予多数人以无量之痛苦。其二，恋爱神圣为今之少年所乐道。兹事盖可遇而不可求。所梦想之神圣境界恐终不可得，徒以烦恼终其身已耳。呜呼，志摩，天下岂有圆满之宇宙？当知吾侪以不求圆满为生活态度，斯可以领略生活之妙味矣。若沉迷于不可求得之梦境，挫折数次，生意尽矣。郁悒佗傺以死，死为无名。死犹可也，最可畏者，不死不生而堕落至不复能自拔。呜呼，志摩，可无惧耶？可无惧耶？"

但爱情至上的徐志摩反驳道："我之甘冒世之不韪，竭全力以斗者，非特求免凶惨之苦痛，实求良心之安顿，求人格之确立，求灵魂之救度耳。人谁不求庸德？人谁不安现成？人谁不畏艰险？然且有突围而出者，夫岂得以而然哉？嗟夫吾师！我尝奋我灵魂之精髓，以凝成一理想之明珠，涵之以热满之心血，明照我深奥之灵府。而庸俗忌之嫉之，辄欲麻木其灵魂，捣碎其理想，杀灭其希望，污毁其纯洁！我之不流入堕落，流入庸懦，流入卑污，其几亦微矣！"

他们之间的书信，反映出梁启超和徐志摩在婚恋观上存在严重的分歧，梁启超学贯中西，是维新运动的杰出代表人物。他抨击封建的专制制度，宣扬西方资本主义制度，但生活中却保守传统，对感情很忠贞。徐志摩却是个理想主义者，爱情至上，崇尚浪漫。

徐志摩说："真爱不是罪恶，在必需时未尝不可以付出生命的代价来争取，与烈士殉国，教徒殉道，同是一理。""让这伟大的灵魂的结合毁灭一切的阻碍，创造一切的价值，往前走吧，再也不必迟疑！"

他问陆小曼："我如果往虎穴里走，你能不跟着来吗？"为了爱情，徐志摩什么都不怕，他说："别说得罪人，到必要时天地都得捣烂他哪。"

徐志摩向世人宣示："我之甘冒世之不韪，乃求良心之安顿，人格之独立。在茫茫人海中，访我灵魂之伴侣，得之我幸，不得我命，如此而已！"

梁启超是个对感情非常专一的人，他对徐志摩和陆小曼的恋情并不看好。陆小曼的丈夫王庚也是梁启超的学生，徐志摩追求陆小曼，伤害了自己的妻子张幼仪，也伤害了朋友王庚。后来，陆小曼和王庚离婚。王庚和陆小曼办完离婚手续后，对徐志摩说："我们大家是知识分子，我纵和小曼离了婚，内心并没有什么成见；可是你此后对她务必始终如一，如果你三心两意，给我知道，我定会以激烈手段相对的。"

1926 年 10 月 3 日，适逢中国的情人节，徐志摩与陆小曼在北海公园举行盛大婚礼，参加者有社会名流和达官贵人，主持人是胡适，证婚人是梁启超。徐志摩和陆小曼结婚，梁启超本来并不想参加他们的婚礼，可是，徐志摩的父母提出娶陆小曼可以，但必须要梁启超证婚，胡适做媒。由于大家一再邀请，梁启超只好去作证婚人，主持他们的婚礼。

在婚礼上，梁启超是这样说的："我来是为了讲几句不中听的话，好让社会上知道这样的恶例不足取法，更不值得鼓励。徐志摩，你这个人性情浮躁，以至于学无所成，做学问不成，做人更是失败，你离婚再娶就是用情不专的证明！陆小曼，你和徐志摩都是过来人，我希望从今以后你能恪遵妇道，检讨自己的个性和行为，离婚再婚都是你们性格的过失所造成的，希望你们不要一错再错自误误人。不要以自私自利作为行事的准则，不要以荒唐和享乐作为人生追求的目的，不要再把婚姻当作是儿戏，以为高兴可以结婚，不高兴可以离婚，让父母汗颜，让朋友不齿，让社会看笑话！总之，我希望这是你们两个人这一辈子最后一次结婚！这就是我对你们的祝贺！"

梁启超看不惯陆小曼，觉得陆小曼害了自己的学生。那时他就感觉到徐志摩和陆小曼的婚姻将来会有很多问题。

现场一片哗然，除了梁启超之外，大家都非常尴尬，很多人都感觉梁启超在弟子大喜之日这样说话有些过火，从来没有人说出这样的证婚词。徐志摩和陆小曼更是难堪，徐志摩对梁启超说："请老师不要再讲下去了，顾全弟子一点颜面吧。"梁启超这才打住。

参加完他们婚礼的第二天，梁启超给孩子写了一封信谈论这件事，信的名字是《我昨天做了一件极不情愿的事》。在信中，梁启超痛斥徐志摩和陆小曼："青年为感情冲动，不能节制，任意冲破礼法的罗网，其实乃是自投苦恼的罗网，真是可痛，真是可怜！"

梁启超写道："我最爱他不过了，此次看着他陷于灭顶，还想救他出来，我也有一番苦心。老朋友们对于他这番举动无不深恶痛绝，我想他若从此无法在社会上立足，固然自作自受，无可怨恨，但觉得这个人太可惜了，或者也许还会弄到自杀的地步。我又看着他找到这样一个人做伴侣，怕他将来苦痛更无限，所以想对于那个人当头一棒，盼望她能有觉悟，免得将来把志摩累死。"

徐志摩知道梁启超对自己的苦心，虽然梁启超在他婚礼上的言论过激，徐志摩还是对梁启超非常尊重。1928年11月上旬，徐志摩第三次去欧洲旅游，回国后，他听到梁启超病重的消息，连忙去北京探望。徐志摩看见梁启超的身体有所好转，心就放下了，便回到上海。没想到，徐志摩到上海没多长时间，梁启超就在协和医院病故了。听到这个消息，徐志摩非常悲痛，他前往北京参加了梁启超的追悼活动，又全力出版梁启超的遗稿，对老师一片深情。

徐志摩和陆小曼成家后，他们也过上了一段很幸福的生活。两人在上海租了套豪华寓所，一起写作，一起接待泰戈尔。但是好景不长，由于来自社会和家庭的巨大压力，他们的婚姻被投上了阴影。徐志摩的父母不满陆小曼的行为，断绝了对徐志摩的经济支持。

过惯了养尊处优生活的陆小曼，结婚后还像以前在王家那样挥霍无度，三天两头出入夜总会，与上海各界名流打交道，捧戏子，登台演出，还吸上了鸦片。由于她花钱如流水，家里的经济开始紧张起来，徐志摩只好四处兼课挣钱养家。他劝说陆小曼节约，但陆小曼抱怨他太小气。真应了梁启超的那句话"免得将来把志摩累死"。

后来徐志摩到北京大学任教，两人一个在北平，一个在上海，两地分居后，经常吵架。有一次陆小曼拿着烟枪朝徐志摩脸上砸去，幸好徐志摩躲得快，只是摔碎了眼镜。徐志摩气愤难耐，当夜就收拾好行李离开了上海，去南京的朋友家住了一晚。第二天早上，准备乘坐开往北平的飞机回到北平。上飞机之前，他给陆小曼写了一封信："徐州有大雾，头痛不想走了，准备返沪。"然而，最后他还是登上了那架北上的飞机。由于雾太大，飞机在山东境内撞上一座大山，机毁人亡。他们的婚姻以悲剧收场。梁启超当年的预言竟都成真。徐志摩死时三十六岁，正处在有为的年华。陆小曼才刚三十岁，也是女人最好的年华。徐志摩走后，陆小曼非常难过，从此闭门谢客，终身素衣。1965年4月3日，无儿无女的陆小曼默默在上海华东医院离去，没有留下任何遗嘱。

在北大讲课

20 世纪初，而立之年的梁启超主编了《新民丛报》和《新小说》，在国人面前显示出舆论骄子的风姿，梁启超开辟了一个新民时代。很多进步青年把梁启超作为导师，对他非常敬仰和崇拜。胡适就是其中的一位。胡适比梁启超小十八岁，是清末民初承上启下的两代知识分子。

1904 年春，十四岁的胡适读到了梁启超主编的《新民丛报》，报纸上有很多胡适不知道的知识，吸引了他的求知欲，那时候，胡适知道了梁启超。读过梁启超的文章后，胡适知道了世界上还有许多像孔子和孟子一样的思想家和学问家，如培根和笛卡尔等人。

胡适在他的《四十自述》中提到梁启超的两本著作对他有不小的影响。一本是《新民说》，这本书给胡适"开辟了一个新世界，使我彻底相信中国之外还有很高等的民族，很高等的文化"。另一著作是《论中国学术思想变迁的大势》，奠定了胡适的治学方向，使他走向了中国哲学思想史的研究。

梁启超的《中国学术思想变迁之大势》，是胡适最爱读的学术著作，遗憾的是，这篇文章仅写了几章便不再写了。梁启超后来又写了续文，但是，胡适发现，这部学术史的中间缺了三个最要紧的部分，胡适眼巴巴地等了好几年也没有等到。胡适说这本书"使我知道四书五经之外中国还有学术思想……将来我若能替梁任公补作这几章缺了的中国学术思想史，岂不是很光荣的事业？……这一点野心就是我后来做《中国哲学史》的种子。"

1917 年 8 月，胡适应蔡元培的聘请，由美国哥伦比亚大学回国担任北京大学哲学的教授，胡适在北京大学教授中国哲学史和英国文学。

胡适在美国哥伦比亚大学的博士论文，就是《中国古代哲学方法之进化史》，所以他对这门课轻车熟路。在讲学的基础上，胡适完成了《中国哲学史大纲》。1919 年 2 月，这部书由商务印书馆出版，蔡元培写的序。《中国哲学史大纲》出版后，在学术界引起不小的反响，因为这部书，胡适在中国学术史上占有一席之地。

1918 年 11 月 20 日，胡适去天津南开大学讲学前，给梁启超去信说："适近作《墨辩新诂》，尚未脱稿，极思一见先生所集材料；唯彼时适先生有吐血之恙，故未敢通书左右。近闻贵恙已愈，又时于《国民公报》中奉读大著，知先生近来又复理文字旧业。适后日（十一月二十二日）将来天津南开学校演说，拟留津一日，甚思之怀，一以便面承先生关于墨家之教诲；倘蒙赐观所集'墨学'材料，尤所感谢，适亦知先生近为欧战和议问题操心，或未必有余暇接见生客，故乞振飞先生为之介绍，拟于廿三日（星期六）上午十一时趋访先生，作二十分钟之谈话，不知先生能许之否？适到津后，当再以电话达尊宅，取进止。"胡适知道梁启超对中国哲学造诣很深，所以想着拜访求教。

当时，梁启超正准备去欧洲，去巴黎和会中呼吁中国的独立和主权，所以，他们没有见面。梁启超从欧洲回国后，很快就和胡适见面了，因为梁启超很赏识胡适。1920年3月21日晚，林长民在家里招待好友梁启超和胡适，这是两人的第一次见面。从此，他们相识了，有了直接进行学术交流的机会。

胡适在刚回国的时候，曾经说要"二十年不谈政治"，梁启超并不赞成这句话。在一次讲演中，梁启超说："近来许多好人打着不谈政治的招牌，却是很不应该；社会上对于谈政治的人，不问好歹，一概的厌恶冷淡，也是很不应该。国家是谁的呀？政治是谁的呀？正人君子不许谈，有学问的人不许谈，难道该让给贪官污吏来谈？难道该让给强盗头目来谈？难道该让给流氓痞棍来谈？我奉劝全国优秀分子，要重新有一种觉悟：'国家是我的，政治是和我的生活有关系的。谈，我是要谈定了；管，我是要管定了。'多数好人都谈政治，都管政治，那坏人自然没有站脚的地方。"

梁启超和胡适之间的来往慢慢地多了起来，但1922年3月5日，梁启超应胡适的邀请去北大讲课，心直口快、不通人情世故的梁启超却在课上公开批评胡适的《中国哲学史大纲》。梁启超的这次演讲，叫胡适一直都无法释怀。

那天，北大三院大礼堂内座无虚席，梁启超演讲的主题是《评胡适之〈中国哲学史大纲〉》。梁启超在大庭广众之下指名道姓地评点是非，而且是在胡适任教的北大，胡适的心里很不舒服。他认为这是梁启超不通人情世故的表现，完全可以不去理睬他。

梁启超演讲两天，每天两小时左右。胡适不想去听他的演讲，但好友张竞生一再劝说。第二天，胡适过去旁听。梁启超的批评头头是道，听众连连点头，感觉梁启超说得很有道理。第二天，胡适进行答辩，他恰如其分地评说梁启超的批评，指出："中国哲学史正在草创时期，观点不嫌多"。梁启超的观点有很多不合理的地方，也对梁启超的观点进行批评，听众又被胡适的观点所打动，连连点头。这场演说会在北大成为美谈。胡适在日记中说："在大众的心里，竟是一出合串好戏了。"

十多年后，当年的一位听众这样描述当年梁启超的演讲：

……民国十一年秋天，梁任公应哲学社的邀请，到北大三院大礼堂讲《评胡适之＜中国哲学史大纲＞》。演讲分为两天，每次约两小时左右。在第二天，胡先生也随同坐在台上。任公的演讲经过了长时间的准备，批评都能把握重点，措辞犀利，极不客气，却颇见风趣，引到听众使他们觉得任公所说很有道理。第二天留下一半的时间让胡先生当场答辩。胡先生对第一天的讲词似乎先已看到记录，在短短四十分钟内他便轻松地将任公主要的论点一一加以批驳，使听众又转而偏向于胡先生。如果用"如醉如狂"来形容当时听众的情绪似也不算过分。

虽然在学术上进行了交锋，但梁启超在胡适心中始终有着重要的地位，胡适一直非常尊重梁启超。

1926年以后，梁启超的身体状况不好，他想和胡适交流，但胡适那段时间里作为"中英庚款顾问委员会"的中方委员，一直在欧美和日本游历。回国后又为重整新月社和中国公学的事四处奔波，一直没有时间拜访梁启超。当胡适手头上的事告一段落的时候，才知道梁启超已经卧床不起了。

1929年1月19日晚九时许，胡适刚回到北京，就向好友任叔永打听梁启超的病情。其实，梁启超已在当天下午二时十五分去世了。第二天，他们看到报纸才知道这个消息。胡适向梁启超的遗体告别时，心情非常沉痛，他流着泪说："我赶来迟了八小时！"

胡适评价梁启超的文章："在那个时代读这样的文字，没有一个人不受他的震撼感动的。"又评价梁启超的为人："任公为人最和蔼可爱，全无城府，一团孩子气。人家说他是阴谋家，真是恰得其反。他对我虽有时稍漏一点点争胜之意——如在北大公开演讲批评我的《中国哲学史大纲》，如请我作《墨经校释·序》而后移作后序，把他的答书登在卷首而不登我的答书——但这都表示他的天真烂漫，全无掩饰，不是他的短处，正是可爱之处。"

梁启超的知识渊博，无论是讲学还是演讲，出经入史，他都能信手拈来。梁启超写东西的时候，那些材料全都在大脑里储存。他根本不用查书翻资料。有一次，胡适在宴会上说："中国古诗很多，诗人都吃肉，就是没有人写过猪。"坐在一起吃饭的梁启超马上就接过来说："不见得，清朝乾隆就写过'夕阳芳草见游猪'的句子。"

1905，梁启超写了《俄罗斯革命之影响》，文章以简短急促的文字开篇，就像山石崩裂，也像岩浆喷涌："电灯灭，瓦斯竭，船坞停，铁矿彻，电线斫，铁道掘，军厂焚，报馆歇，匕首现，炸弹裂，君后逃，辇毂塞，警察骚，兵士集，日无光，野盈血，飞电刿目，全球挢舌，于戏，俄罗斯革命！于戏，全地球唯一之专制国遂不免于大革命！"

胡适评价说："梁先生的文章……使读者不能不跟着他走，不能不跟着他想！"

张君劢

　　张君劢是徐志摩前妻张幼仪的哥哥，1906 年，张君劢去日本读书，他考入了日本的早稻田大学修习法律与政治学。留学期间，张君劢结识了梁启超，他追随梁启超从事立宪活动，是政闻社的骨干人物，张君劢和梁启超之间的关系非常密切。1910 年，张君劢毕业于早稻田大学，获得了政治学学士学位。回国后，他在学部应试，取得了殿试资格，第二年，张君劢经殿试被授予翰林院庶吉士。1913 年，在梁启超的安排下，张君劢取道俄国到德国进入柏林大学攻读政治学博士学位。1918 年，梁启超带着张君劢等六人去欧洲考察，张君劢留在德国，跟随倭铿学习哲学。1946 年，张君劢在政治协商会议代表，并起草过《中华民国宪法》。张君劢创办了政治大学、学海书院和民族文化书院。张君劢还当过北京大学和燕京大学教授。

　　在南京的那段时间，张君劢是梁启超的陪同，梁启超的一些家庭生活琐事，张君劢也去做主，梁启超知道他的一片好心，对他的话非常重视。梁启超的身体不好，张君劢坚决要求他去医院看看，梁启超只好推掉了很多学校的邀约，去检查身体。

1922 年 11 月 29 日，梁启超给梁思顺写了一封回信，那时候，梁启超在南京东南大学主讲《中国政治思想史》，梁思顺的丈夫担任马尼拉总领事，梁思顺也跟丈夫在一起。因为工作很忙，两人有一段时间没有联系，梁启超接到思顺的信后，非常高兴。

梁启超在信中说，四五天前，陈伯严请他去吃饭，结果自己喝醉了。梁启超解释道："你勿惊，我到南京后已经没有吃酒了，这次因陈伯严老伯请吃饭，拿出五十年陈酒来吃，我们又是二十五年没见的老朋友，所以高兴大吃。" 陈伯严是光绪年间的进士，曾经推荐梁启超担任长沙时务学堂的总教习。梁启超和陈伯严也是多年的老交情了，所以两人在一起喝醉了酒。

梁启超周二喝醉酒后，周三感染了风寒，回家后就吐了起来。周四，张君劢请了一个外国医生给梁启超看病，医生说他的心脏不好，必须停止一切工作，静养一段时间。但梁启超认为自己没有任何病，所以不听劝告，继续讲学。"那天晚上是法政学校讲期，我又去了。君劢在外面吃饭回来，听见大惊，一直跑到该校，从课堂上硬把我拉下来，自己和学生演讲，说是为国家干涉我。再明日星期五，我照例上东南大学的讲堂，已见有大张通告，说梁先生有病放假，学生都散了。原来又是君劢捣的鬼，他已经写信给各校，将我所有讲课都停一星期再说"。

但梁启超却不相信自己有病，他说是酒醉后伤风。梁启超不满地说："我想好好的一个人，吃醉了一顿酒，被这君劢捉着错处（呆头呆脑，书呆子又蛮不讲理），如此欺负我，你说可气不可气。君劢声势汹汹，他说我不听他的话，他有本事立刻将我驱逐出南京。问他怎么办法。

他说他要开一个梁先生保命会，在各校都演说一次，不怕学生不全体签名送我出境。你说可笑不可笑。"

梁启超说："医生说不准我读书、著书、构思、讲演，不准我吃酒、吃茶、吃烟。我的宝贝，你想这样的生活我如何能过得。"

张君劢还天天和梁启超讲道理，说他的生命是四万万人的生命，不由他一个人做主，张君劢要对四万万人负责。可见，张君劢对梁启超的感情很深，对他非常关心。

不过，由于梁启超的身体原因，他在南京的讲学受到影响，《中国政治思想史》原拟讲序论、前论、本论、后论四个部分。到年底，梁启超勉强讲完了前面三个部分，以汉代至今为内容的第四部分，一直没有完成。后来，梁启超把讲稿整理出版，书名是《先秦政治思想史》。

关爱学生

梁启超的学术生涯在人们追忆的文章中受到尊崇。曾与梁启超有过往来的胡适、梁漱溟、梁实秋等人在文章中，对他非常景仰，也有理性审视的意识。

梁启超的讲课很受学生的欢迎，梁实秋在清华读书的时候，说："我很幸运地有机会听到这一篇动人的演讲。那时的青年学子，对梁任公先生怀着无限的景仰，倒不是因为他是戊戌政变的主角，也不是因为他是云南起义的策划者，实在是因为他的学术文章对于青年确实有启迪领导的作用。"

梁实秋觉得读梁启超这篇文章和听他这篇演讲，趣味相差很多，犹如读剧本与看戏之迥然不同。梁实秋在文中写道：

我记得清清楚楚，在一个风和日丽的下午，高等科楼上大教堂里坐满了听众，随后走进了一位短小精悍秃头顶宽下巴的人物，穿着肥大的长袍，步履稳健，风神潇洒，左右顾盼，光芒四射，这就是梁任公先生。

他走上讲台，打开他的讲稿，眼光向下面一扫，然后是他极简短的开场白，一共只有两句，头一句是："启超没有什么学问——"眼睛向上一翻，轻轻点一下头又说："可是也有一点喽！"这样谦逊同时又这样自负的话是很难得听到的。他的广东官话是很够标准的，距离国语甚远，但是他的声音沉着而有力，有时又是洪亮而激亢，所以我们还是能听懂他的每一字，我们甚至想如果他说标准国语其效果可能反要差一些。

我记得他开头讲一首古诗，《箜篌引》：

"公无渡河，

公竟渡河！

渡河而死；

其奈公何！"

这四句十六字，经他一朗诵，再经他一解释，活画出一出悲剧，其中有起承转合，有情节，有背景，有人物，有情感。我在听先生这篇演讲后约二十余年，偶然获得机缘在茅津渡候船渡河。但见黄沙弥漫，黄流滚滚，景象苍茫，不禁哀从中来，顿时忆起先生讲的这首古诗。

先生博闻强记，在笔写的讲稿之外，随时引证许多作品，大部分他都能背诵得出。有时候，他背诵到酣畅处，忽然记不起下文，他便用手指敲打他的秃头，敲几下之后，记忆力便又畅通，成本大套地背诵下去了。他敲头的时候，我们屏息以待，他记起来的时候，我们也跟着他欢喜。

先生的演讲，到紧张处，便成为表演。他真是手之舞之足之蹈之，有时掩面，有时顿足，有时狂笑，有时叹息。听他讲到他最喜爱的《桃花扇》，讲到"高皇帝，在九天，不管……"那一段，他悲从中来，竟痛哭流涕而不能自已。他掏出手巾拭泪，听讲的人不知有几多也泪下沾襟了！又听他讲杜氏讲到"剑外忽传收蓟北，初闻涕泪满衣裳……"先生又真是于涕泗交流之中张口大笑了。

这一篇演讲分三次讲完，每次讲过，先生大汗淋漓，状极愉快。听过这演讲的人，除了当时所受的感动之外，不少人从此对于中国文学产生了强烈的爱好。先生尝自谓"笔锋常带情感"，其实先生在言谈演讲之中所带的情感不知要更强烈多少倍！

有学问，有文采，有热心肠的学者，求之当世能有几人？于是我想起了从前的一段经历，笔而记之。

梁启超是个热心的学者，他对年轻学生非常关心，想方设法帮助他们解决生活上的困难，周传儒在《回忆梁启超先生》一文中说起梁启超对他的帮助："梁对学生很关心，清华研究院的学生都是自费的，梁了解到我们生活有困难，就让我们给松坡图书馆编目录。我当时还有一个兄弟在北京读书，费用较大，梁叫我当'提调'（头目），每月给我五六十元，其他的同学每月可得二三十元，谢刚主、刘节、王力等人都曾参加编目工作。这样过了半年，梁到燕京大学教《古书真伪及其年代》，就叫我当他的助教，做一些抄写工作，实际上也没有多少事，又干了半年。我先后用了梁任公一千多元钱。"

后来，周传儒到商务印书馆当编辑。梁启超觉得周传儒的工资不多，生活不宽裕，于是介绍他去见自己在万木草堂的同学、暨南大学的校长郑洪年。在梁启超的帮助下，郑洪年让周传儒在学校里当了副教授，每个月的工资是二百元，周传儒在郑洪年的帮助下，一年后升为教授。

第六章

晩年生活

协和医院

　　梁启超非常勤奋，他在病中坚持写作。梁启超曾说过："万恶懒为首，百行勤为先。" 梁启超一生勤奋，在五十多年的时间里，他从事政治的生涯大约有三十六年，各种繁杂的工作占据了他大量的时间，但他依旧勤奋写作，他平均每年写作达三十九万字之多，一生写了一千四百万字。他的文章涵盖了各个方面，包括政治评论、学术史、文学史、佛学、历史哲学，堪称文化巨人。

　　梁启超的文思敏捷，写作速度很快。当年从上海逃往广西参加护国战争的时候，梁启超生了一场大病，病好之后两天两夜没有睡觉，写成了一本两万字的《国民浅训》，为战争呐喊助威。他写文章常常是一写几万字甚至十几万字，连续几天不眠不休，一气呵成写完才休息。

　　梁启超说："我每天除了睡觉，没有一分钟、一秒钟不是积极的运动，然而我绝不觉得疲倦，而且很少生病，因为精神上的快乐，补得过物质上的消耗。"

　　1925 年 9 月 9 日，清华的国学院举行了开学典礼。在开学典礼上，梁启超做了题为《旧日书院之情形》的演讲。在国学院，梁启超要给学生们讲的课有：诸子、中国佛学史、宋元明学术史、清代学术史、中国文学和中国通史。梁启超计划在清华大学这个学术氛围浓厚的环境中，写出《中国文化史》和《中国通史》，遗憾的是，在1926年梁启超就病倒了。他的病情很严重，经常尿血，大家都劝说他先把学校的工作放一放，但梁启超觉得这样做对不起学生，依旧很努力地工作。

就在住院之前，他还完成了《庄子天下篇释义》和《淮南子要略书后》等很多文章。梁启超在写给女儿思顺的信中说，他的病本来已经好转了，但他"又很费心造了一张《先秦学术年表》，于是小便又再红起来"。梁启超的病时好时坏，反反复复，先在北京的德国医院看病住院，后来又转到北京的协和医院。在协和医院，梁启超动了手术，没想到手术后梁启超的身体变得更加虚弱，医学专家伍连德警告梁启超，必须注意身体，不能过度劳累，否则后果会很严重。

但梁启超的工作依旧很多。虽然在清华这边的课时已经严格限制到每周两小时的时间，辅导学生每周八小时，但司法储才馆的担子又压在了梁启超的身上，因为牵扯到中国收回领事裁判权的大事，所以梁启超没有推辞的理由，只能担起来。在林宰平和二弟梁启勋的帮助下，梁启超轻松不少。

但那段时间，有很多不顺的事加重了他的病情。多年的朋友林长民遇难的时候，梁启超也正在生病。他手术后不久，四妹去世了，他非常伤心，身体受到影响。

第二年，梁启超的老师康有为去世，王国维投昆明湖自尽，他们的离去，对梁启超是个打击。那个时期，梁启超担心局势，心情不好。蹇季常和张君劢等人都劝梁启超在清华告假一年，专门养病。但梁启超没有听从他们的劝告，还是一边治病，一边工作，最后病情越来越重。

梁启超计划把《辛稼轩年谱》完成，遗憾的是，由于身体原因，他最终没有完成这本书。由于长期工作，生活没有规律，抽烟外加喝酒，梁启超的身体有些透支。晚年他得了尿毒症。梁启超要看西医，那个时候，西医刚刚传入国内，人们对西医怀着不相信的态度。人们劝他去看中医，但梁启超希望西医能尽快被人们接受，坚持看西医。

1926 年 2 月，梁启超因尿血症住进了北京协和医院。协和医院是1906 年由英美两国的五个教会和伦敦医学会在北京合办的，代表着当时国内最高的医疗水平。

因为梁启超有着很高的社会地位和声望，协和医院对他的病非常重视，派出了最强阵容给他看病。经过权威专家会诊后，医院决定切除梁启超的肾脏。这个手术由留学哈佛大学的医学博士、协和医院院长刘瑞恒亲自主刀，美国医生做助手，参加手术的其他人员，也从各方面进行了精心的挑选。但割除右肾以后，梁启超的身体还是非常虚弱。

于是，人们认为这次西医手术的治疗方案完全是错误的。北京的几家报纸《现代评论》《社会日报》等刊登了这个新闻。消息传出后，在国内引起了很大的震动。人们纷纷攻击协和医院。梁启超的学生陈源、徐志摩极为不满，他们通过媒体向协和医院兴师问罪。

但梁启超很宽容，他禁止徐志摩等人上诉法庭，也不要求任何赔偿和道歉。梁启超做完手术后，虽然身体非常虚弱，但他还是亲笔写文章为协和医院开脱。

1926 年 6 月 2 日，梁启超在《晨报副刊》发表了《我的病与协和医院》的文章。在文章中，梁启超详细地叙述了自己这次手术的整个过程，也肯定了协和医院的治疗。

梁启超写道：

右肾是否一定该割，这是医学上的问题，我们门外汉无从判断。但是那三次诊断的时候，我不过受局部迷药，神智依然清楚，所以诊查的结果，我是逐层逐层看得很明白的。据那时的看法罪在右肾，断无可疑。后来回想，或者他"罪不该死"，或者"罚不当其罪"也未可知，当时是否可以"刀下留人"，除了专家，很难知道。但是右肾有毛病，大概无可疑，说是医生孟浪，我觉得冤枉……出院之后，直到今日，我还是继续吃协和的药，病虽然没有清除，但是比未受手术之前的确好了许多。想我若是真能抛弃百事，绝对休息，三两个月后，应该能完全复原。至于其他的病态，一点都没有。虽然经过很重大的手术，但因为医生的技术精良，我的体质本来强壮，割治后十天，精神已经如常，现在越发健实了……敬告相爱的亲友们，千万不必为我忧虑。我们不能因为现代人科学知识还幼稚，便根本怀疑到科学这样东西。即如我这点小小的病，虽然诊查的结果，不如医生所预期，也许不过偶然例外。至于诊病应该用这种严密的检查，不能像中国旧医那些"阴阳五行"的瞎猜，这是毫无比较的余地的。我盼望社会上，别要借我这回病为口实，生出一种反动的怪论，为中国医学前途进步之障碍——这是我发表这篇短文章的微意。

当时很多人对梁启超的做法非常不理解，其实梁启超这么做是对于科学的维护。那个时候，西医刚进入国内不久，人们对西医并不了解，大多数人都持有观望的态度。梁启超把西医看作是科学的代表，维护西医也就是维护科学，协和医院是外国人创办的医院，是科学的象征。梁启超认为，医师本身也想治好病，但因为各种原因最终手术并不成功。他不希望因为自己的手术不成功就使得国人不相信科学。如果谴责协和医院，会给医院造成负面影响，会影响人们对西医的看法，最终会延迟西医在国内的传播。总之，梁启超是为了使人们能尽快接受医学，而站出来为协和医院发声的。

1929 年 1 月 15 日，梁启超病危，他预感到自己也许会一病不起，于是便告诉家人：在病源未发现前，如其病不治，则以其尸身剖验，务求病源之所在，以供医学界之参考。梁启超为了医学事业的进步，献出了自己的身体和性命。

1929 年 1 月 19 日，梁启超在北平协和医院逝世，享年五十六岁。这个时候，林徽因已怀有身孕。她非常难过，梁启超一直把她当成亲生女儿看待。在父亲去世的那段日子里，是梁启超给了她帮助，梁启超是她最慈祥的长辈。林徽因和梁思成一起为梁启超操办丧事。梁思成和林徽因回国后的第一部作品，就是为梁启超设计了一座墓碑，寄托了他们对梁启超的怀念之情。墓碑的主体是黄色花岗岩结构，整座墓碑庄严大气，古朴稳重，就像他坦荡的为人一般。两通汉白玉石碑上只写着梁启超和夫人的名讳，对于梁启超生前的事迹，一个字都没有提。

这也是梁启超本人的意思——不留墓志，不做评价。他说："知我罪我，让天下后世评说，我梁启超就是这样一个人而已。"

当梁启超逝世的消息传出后，政界和学界都深感痛惜。人们在北平的广惠寺和上海的静安寺分别为梁启超举行追悼会，悼念梁启超。国内各大报纸也刊登了梁启超去世的消息，并追忆他的生平。

冯玉祥称梁启超是"才大如海"；王文儒称梁启超是"革命之元勋"，堪称"群流模范，万古江河"；唐蟒说梁启超"开中国风气之先"。

蔡元培写的挽联是："保障共和，应与松坡同不朽；宣传欧化，不因南海让当仁。"

陈少白写的挽联是："五就岂徒然，公论定当怜此志；万言可立待，天才端不为常师。"

章太炎写的挽联是："进退上下，或跃在渊，以师长责言，匡复深心姑屈己；恢诡谲怪，道通为一，逮枭雄僭制，共和再造赖斯人。"

胡适写的挽联是："文字收功，神州革命。生平自许，中国新民。"

杨铨写的挽联是："文开白话先河，自有勋劳垂学史；政似青苗一派，终怜凭藉误英雄。"

杨度写的挽联是："事业本寻常，胜固欣然，败亦可喜；文章久零落，人皆欲杀，我独怜才。"

当梁启超的灵柩安葬在香山墓园时，吴其昌代表清华大学研究院的全体同学在墓前致辞。他写了一篇感人至深的祭文："忆我初来，稚态未蘸。如拾土芥，视天下事。泼沛疾书，一文万字。古杰自侪，时贤如沫。读未盈卷，丢卷思嬉。清华芳树，故解人媚。况有晚风，往往动袂。华灯初上，新月流睇。呼其朋雠，三四为队。师家北苑，门植繁李。率尔叩门，必蒙召趋。垂诲殷拳，近何所为？有何心得，复有何疑？敦治考证，得证凡几？群嚣杂对，如伧呼市。画地指天，语无伦次。师未尝愠，一一温慰。亦颇有时，伸手拈髭。师居慈母，亲我骄儿。虽未成才，顾而乐之。此一时也，而如隔世。"

美国的史学期刊《美国历史评论》刊发了一篇纪念梁启超的文章："就是这个年轻人，以非凡的精神活力和自成一格的文风，赢得全中国知识界领袖的头衔，并保留它一直到去世。表现在他的文风和他的思想里的这种能够跟上时代变迁的才华，可以说是由于他严格执行自己常常对人引用的格言：切勿犹疑以今日之我宣判昨日之我。"

评价

自我评价

1926 年的一个周末，当时在北师大读书的李任夫和楚中元去拜访梁启超。梁启超热情地接待了他们，还专门为李任夫写下一副对联："万事祸为福所依，百年力与命相持"。

梁启超说："这是我青年时代一首诗的录句，我今天特别写给你，也是希望你立志向上奋斗。凡事要从远处看，切不可以一时的起伏而灰心丧志，一定要有'定力'和'毅力'。人的一生，都是从奋斗中过来的，这就是力与命的斗争。我们要相信力是可以战胜命的，一部历史，就是人类力命相斗的历史，所以才有今天的文明。我平生行事，也是信奉这两句话。所以遇到任何逆境，我都是乐观的，我是个乐观主义者，也许就是得力于此。"

楚中元问梁启超："梁先生过去保皇，后来又拥护共和；前头拥袁，以后又反对他。一般人都以为先生前后矛盾，同学们也有怀疑，不知先生对此有何解释？"

梁启超说"这些话不仅别人批评我,我也批评我自己。我自己常说:'不惜以今日之我去反对昔日之我',政治上如此,学问上也是如此。但我是有中心思想和一贯主张的,决不是望风转舵、随风而靡的投机者。例如我是康南海先生的信徒,在很长时间里,还是他得力的助手,这是大家知道的。后来我又反对他,和他分手,这也是大家知道的。再如我和孙中山,中间曾有过一段合作,但以后又分道扬镳,互相论战,这也是尽人皆知的。至于袁世凯,一个时期,我确是寄以期望的,后来我坚决反对他,要打倒他,这更是昭昭在人耳目了。我为什么和南海先生分开?为什么与孙中山合作又对立?为什么拥袁又反袁?这决不是什么意气之争,或争权夺利的问题,而是我的中心思想和一贯主张决定的。我的中心思想是什么呢?就是爱国。我的一贯主张是什么呢?就是救国。我一生的政治活动,其出发点与归宿点,都是要贯彻我爱国、救国的思想与主张,没有什么个人打算。"

梁启超自我的评定:"若夫理论,则吾生平最惯与舆论挑战,且不惮以今日之我与昔日之我挑战者也。"

他人评价

郭沫若说:"在他那新兴气锐的言论之前,差不多所有的旧思想、旧风习都好像狂风中的败叶,完全失掉了它的精彩。二十年前的青少年——换句话说:就是当时的有产阶级的子弟——无论赞成或反对,可以说没有一个没有受过他的思想或文字的洗礼的。"

曹聚仁说:"过去半个世纪的知识分子,都受了他的影响。"

胡适说:"在那个时代读这样的文字,没有一个人不受他震撼感动的。"又评价梁启超的为人:"任公为人最和蔼可爱,全无城府,一团孩子气。人家说他是阴谋家，真是恰得其反。"

康有为说："我的东西都是二十六岁以前写的。卓如（梁启超）以后继续进步，我不如他。"

殷海光说："可是在这发霉的社会看来，反而显得他的见解是那么鲜活、刚健、康正、开朗而有力。"

黄遵宪曾对梁启超文字的评价："惊心动魄，一字千金，人人笔中所无，却为人人意中所有，虽铁石人亦应感动，从古至今文字之力之大，无过于此者矣。"

郑振铎说梁启超"仍是一位活泼泼的足轻力健，跟着时间走的壮汉"。

梁漱溟说："总论任公先生一生成就，不在学术，不在事功，独在他迎接新世运，开出新潮流，振动全国人心，达成历史上中国社会应有之一段转变。"

吴宓说："梁先生为中国近代政治文化史上影响最大之人物。"

陈明远评价梁启超："梁启超的特长，就是以惊人的记忆力、敏锐的理解力，能够详尽占有资料并且从中迅速地整理出一个头绪来，井井有条、条条有理。但他的缺陷随之而生，就是不够深刻、难以发掘深层的本质；跟章太炎、王国维、陈寅恪诸大师相比，梁启超'深入'不足，而'浅出'有余。"

弟子超观说："大事不糊涂，置恩怨于度外，则鲜有人及之者。"

美国学者约瑟夫说："从1898年的改良运动到1919年的五四运动，康有为扮演的角色是渺小的，而梁启超则成为鸦片战争以来理论界的真正领导者。1902—1911年，即从《新民丛报》发刊到革命爆发的这段时期是梁启超的黄金时代。"

吴其昌写到他的老师梁启超时说："他自己承认陈胜、吴广之功，而天下后世的公评，他的气魄、精神、声威，实在比陈胜、吴广要高出万倍。"

梁启超被公认为是清朝最优秀的学者，也是中国历史上一位百科全书式的人物。他退出政治舞台后，在学术研究上取得了巨大的成就。梁启超涉猎广泛，在哲学、文学、史学、经学、法学、伦理学、宗教学等领域，均有建树，其中以史学研究的成绩最显著。梁启超一生勤奋写作，在繁忙的工作之余，他平均每年写作达到三十九万字之多，各种著述达一千四百多万字。

梁启超还是中国第一个在文章中使用"中华民族"一词的人，梁启超在日文中吸收了非常多的新词，比如经济、组织、干部等。

梁启超在文学理论上引进了西方文化及文学新观念，首先倡导近代各种文体的革新。他在散文、诗歌、小说、戏曲及翻译文学方面都有作品行世，尤其以散文的影响最大。

梁启超的文章风格，世称"新民体"。 辛亥革命前，他在与革命派论战中发明了一种新文体，这种文体介乎于古文与白话文之间，使得士子和普通百姓都乐意接受。这种带有"策士文学"风格的"新民体"，是五四以前最受欢迎、模仿者最多的文体。

梁启超年表

1873 年，出生于广东江门新会区。

1889 年，广东乡试中举人。

1890 年，始受学于康有为。

1891 年，随康有为就读于万木草堂，接受康有为的思想学说并由此走上改良维新的道路，世人合称"康梁"。同年与其妻李蕙仙结婚。

1895 年春，再次赴京会试，协助康有为发动在京应试举人联名请愿的"公车上书"。维新运动期间，梁启超表现活跃，曾主北京《万国公报》（后改名《中外纪闻》）和上海《时务报》笔政，又赴澳门筹办《知新报》。他的许多政论在社会上有很大影响。

1897 年，任长沙时务学堂总教习，在湖南宣传变法思想。

1898 年，回京参加戊戌变法。7 月，受光绪帝召见，奉命进呈所著《变法通议》，赏六品衔，负责办理京师大学堂译书局事务。

同年 9 月，戊戌政变发生，梁启超逃亡日本，一度与孙中山为首的革命派有过接触。在日期间，先后创办《清议报》和《新民丛报》，鼓吹改良，反对革命。同时也大量介绍西方社会政治学说，在当时的知识分子中影响很大。

武昌起义爆发后，他企图使革命派与清政府妥协。民国初年支持袁世凯，并承袁意，将民主党与共和党、统一党合并，改建进步党，与孙中山领导的国民党争夺政治权力。

1902 年 11 月，《新小说》创刊。

1913 年，进步党"第一流人才内阁"成立，梁启超出任司法总长。

1915 年底，袁世凯称帝之心日益暴露，梁启超反对袁氏称帝，与蔡锷策划武力反袁。护国战争在云南爆发。

1916 年，梁启超赴两广地区参加反袁斗争。袁世凯死后，梁启超出任段祺瑞北洋政府财政总长兼盐务总署督办。

1917 年 9 月，孙中山发动护法运动。11 月，段内阁被迫下台，梁启超也随之辞职，从此退出政坛。

1918 年底，梁启超赴欧，了解到西方社会的许多问题和弊端。回国之后即宣扬西方文明已经破产，主张光大传统文化，用东方的"固有文明"来"拯救世界"。

1927 年，离开清华研究院。

1923 年春，由于妻子癌症复发病逝，梁极为伤悼，此后尿中开始带血。因不愿增家人之累，秘不告人。到 1926 年 1 月，怀疑自己得的是癌症，才同意到德国医院检查。经名医克礼诊断后，发现是尿血症，但始终找不出病因所在。此时的梁启超还未意识到病情的严重，对病情还比较乐观。他在 2 月 9 日给长女令娴的信中说："其实我这病一点苦痛也没有，精神气体一切如常，只要小便时闭着眼睛不看，便什么事都没有，我觉得殊无理会之必要。"

1926 年初，他发现尿中有血，到北京协和医院检查，诊断出一个肾病变。协和医院的大夫检查了好几天，最后判定是右肾生瘤，于是在 3 月 16 日动手术将右肾全部割去。但割去右肾后，尿血仍未能完全停止，协和医生只能做消极性防治，不能做积极治疗。

1928 年，由于恩师康有为去世、爱徒范静生去世、王国维投湖等大悲之事，梁启超遭受严重打击，11 月 12 日他已不能伏案工作了。由于他知名度高，当时主要报纸《申报》对他的病情给予了高度关注。

1929 年 1 月 19 日，梁启超病逝于北平协和医院。第二日《申报》第 4 版刊载《梁启超昨在平病故》一文："北平，梁启超今午后二时病故于协和医院，年五十六，遗骸运广惠寺。"梁启超病逝后，京沪之间悼念他的人很多。

著作名录

《少年中国说》

《敬业与乐业》

《中国历史研究法》

《中国近三百年学术史》

《新民说》

《饮冰室主人自说》

《中国文化史》

《饮冰室主人全集》

《李鸿章传》

《曾国藩传》

《王安石传》

《饮冰室合集》

《梁启超选集》

《中国历史研究法补编》

《唐代集会总集与诗人群研究》